JESUS, THE TEMPLE AND THE COMING SON OF MAN

ROBERT H. STEIN

Originally Published by InterVarsity Press as *Jesus, the Temple and the Coming Son of Man* by Robert H. Stein. © 2014 by Robert H. Stein.

Translated and printed by permission of InterVarsity Press,
P.O. Box 1400, Downers Grove, IL 60515, USA. www.ivpress.com.
License arranged through rMaeng2, Seoul, Republic of Korea

This Korean Translation Edition © 2017 by Holy Wave Plus, Seoul, Republic of Korea.

Jesus, Temple and
the Coming Son of Man

예수, 성전,
인자의 재림

마가복음 13장 주석

로버트 H. 스타인 지음 ㅣ 안철훈 옮김

새물결플러스

35년 이상 가르칠 수 있는 특권을 누렸던

베델 대학교, 베델 신학교, 남침례신학교에

감사의 마음을 전하며

목차

개요

1. 목적 정하기

서론

역사적 예수에 관한 정보를 얻기 위한 마가복음 13장 연구

역사적 예수 탐구

역사적 예수에 관한 "새로운 탐구"

역사적 예수에 관한 "제3의 탐구"

원자료에 관한 정보를 얻기 위한 마가복음 13장 연구

마가복음 13장을 저술한 복음서 저자의 의도를 찾기 위한 연구

2. 마가복음 13장 해석과 관련된 주요 이슈들

3. 예수가 성전(과 예루살렘)의 멸망을 예언함(마가복음13:1-4)

본문과 도입부

마가복음 13:1: 예수가 성전을 떠나고, 제자들이 성전의 위용에 대해 언급하다

마가복음 13:2: 예수가 성전의 멸망을 예언하다

마가복음 13:3-4: 제자들의 두 부분으로 된 질문: 마가복음 13장 해석의 열쇠

요약

4. 다가올 성전(과 예루살렘)의 멸망과 그 전조(마가복음 13:5-23)

본문과 도입부

마가복음 13:5-13: 성전의 임박한 멸망의 전조가 아닌 사건들

첫 번째 비(非)전조: 자칭 거짓 메시아들의 출현(13:5-6)

두 번째 비(非)전조: 전쟁과 자연재해의 발발(13:7-8)

세 번째 비(非)전조: 믿는 자들의 선교와 핍박(13:9-13)

마가복음 13:14-20: 성전과 예루살렘의 임박한 멸망을 예고하는 멸망의 가증한 것의

징조와 유대로부터 도망하라는 경고

마가복음 13:21-23: 성전과 예루살렘의 멸망 직전 나타날 자칭 메시아들에 대한 경고

요약

약어표

AB	Anchor Bible
ABRL	Anchor Bible Reference Library
AnBib	Analecta Biblica
Ant.	Josephus *Jewish Antiquities*
ANTC	Abingdon New Testament Commentary
AYB	Anchor Yale Bible
BAR	*Biblical Archeology Review*
BBR	*Bulletin for Biblical Research*
b. B. Mes.	The tractate *Babba Meṣiʿa* in the Babylonian Talmud
b. B. Qam.	The tractate *Babba Qamma* in the Babylonian Talmud
b. Ber.	The tractate *Berakot* in the Babylonian Talmud
BECNT	Baker Exegetical Commentary of the New Testament
BETL	Bibliotheca Ephemeridum Theologicorum Lovaniensium
BJRL	*Bulletin of the John Rylands Library*
BNTC	Black New Testament Commentary
CBET	Contributions to Biblical Exegesis and Theology
CBQ	*Catholic Biblical Quarterly*
CBQMS	Catholic Biblical Quarterly Monograph Series
CGTC	Cambridge Greek Testament Commentary

CTJ	*Calvin Theological Journal*
D	신명기 작성 때 사용된 가상 자료
E	하나님이 *Elohim*으로 불린 오경의 단락들
EBC	Expositor's Bible Commentary
EKKNT	Evangelisch-katholischer Kommentar zum Neuen Testament
ESV	English Standard Version
FRLANT	Forschungen zur Religion und Literatur des Alten und Neuen Testament
HTKNT	Herder's theologischer Kommentar zum Neuen Testament
HZNT	Handbuch zum Neuen Testament
ICC	International Critical Commentary
J	하나님이 *Yahweh*로 불린 오경의 단락들
JBL	*Journal of Biblical Literature*
JSNT	*Journal for the Study of the New Testament*
JSOT	*Journal for the Study of the Old Testament*
JSNTSS	Journal for the Study of the New Testament Supplement Series
JTS	*Journal of Theological Studies*
J.W.	Josephus *Jewish War*
KBANT	Kommentar und Beiträge zum Alten und Neuen Testament
KJV	King James Version
L	누가복음에만 등장하는 내용
LNTS	Library of New Testament Studies
LXX	70인역(히브리어 구약의 그리스어 역본)
M	마태복음에만 등장하는 내용
NAB	New American Bible
NAC	New American Commentary
NIBC	New International Bible Commentary
NICNT	New International Commentary on the New Testament

NIGTC	New International Greek Testament Commentary
NJB	New Jerusalem Bible
NRSV	New Revised Standard Version
NT	*Novum Testamentum*
NTC	New Testament Commentary
NTL	New Testament Library
NTR	New Testament Readings
NTS	*New Testament Studies*
P	오경에서 제사장 문제에 특별한 관심을 보이는 내용
PGC	Pilgrim Gospel Commentaries
PNTC	Pillar New Testament Commentary
POxy	Oxyrhynchus papyrus
Q	마가복음에는 없지만 마태복음과 누가복음에는 있는 내용
1QM	The War Scroll in the Dead Sea Scrolls
REB	Revised English Bible
RNT	Regensburger Neuen Testament
RSV	Revised Standard Version
SBLDS	Society of Biblical Literature Dissertation Series
SBT	Studies in Biblical Theology
SNTSMS	Society for New Testament Studies Monograph Series
SP	Sacra Pagina
TENTS	Texts and Editions for New Testament Study
T. Jud.	*Testament of Judah*
T. Naph.	*Testament of Naphthali*
WBC	Word Bible Commentary
WTJ	*Westminster Theological Journal*
ZNW	*Zeitschrift für die neutestamentliche Wissenschaft und die Kunde der älteren Kirche*

서문

나는 프린스턴 신학교에서 박사과정을 밟는 중에 마가복음과 사랑에 빠졌고, 그 결실로 「마가복음의 편집사를 확인하는 올바른 방법론」(The Proper Methodology for Ascertaining a Marcan Redaktionsgeschichte)이라는 제목의 논문을 썼다. 졸업 후 마가복음에 관한 여러 소논문을 썼는데, "The 'Redaktionsgeschichtlich' Investigation of a Mark Seam (Mc 1²¹ff.)," *ZNW* 61 (1970): 70-94; "The Proper Methodology for Ascertaining a Markan Redaction History," *NT* 13 (1971): 181-98; "A Short Note on Mark XIV.28 and XVI.7," *NTS* 20 (1973): 445-52; "Is the Transfiguration (Mark 9:2-8) a Misplaced Resurrection-Account?" *JBL* 95 (1976): 79-96; "The Matthew-Luke Agreements Against Mark: Insight from John," *CBQ* 54 (1992): 482-502; "The Ending of Mark," *BBR* 18 (2008): 79-88; "Duality in Mark," in *New Studies in the Synoptic Problem: Oxford Conference, April 2008*, ed. P. Foster et al., BETL 239 (2011): 253-80 등이 있다. 이런 관심은 결국 베이커 신약 주석 시리즈의 마가복음 주석 집필로 이어졌다(2008). 마가복음에

대한 나의 관심이 여전하다는 것은 지금 『예수, 성전, 인자의 재림』의 출간으로 분명해졌다.

마가복음 13장을 어떻게 보는 것이 가장 좋은지에 대한 내 논점을 지금 당장 알기 원하는 독자가 있다면, 8장 "마가복음 13장의 해석에 따른 번역"을 먼저 보면 좋을 것이다. 하지만 마가복음 13장에 관한 해석을 체계적으로 살펴보길 원한다면, 이 책을 처음부터 8장까지 차례대로 읽기를 권한다. 추리 소설이나 논문을 읽을 때처럼, 논리와 주어진 논증의 전개를 따르지 않으면 많은 것을 잃어버리게 된다.

이 책을 꼼꼼히 살펴보고 신중한 제안과 비평을 해준 남침례신학교의 로버트 플러머(Robert L. Plummer) 박사와 벤저민 머클(Benjamin L. Merkle) 박사에게 깊은 감사의 마음을 전한다. 신약학 분야에서 그들의 스승이자 동료로 함께할 수 있었던 것은 특권이었다. 또한 박식한 평신도의 입장에서 이 책을 평가해준 나의 두 아들 키스(Keith R.)와 스티븐(Stephen W.)에게도 고마움을 전한다. 두말할 필요도 없지만, 이들에게서 수많은 긍정적인 도움을 얻었으나 작품의 마지막 상태는 순전히 내 책임이다. 그리고 이 책의 마지막 편집을 도와준 댄 리드(Dan Reid)와 IVP 직원들에게도 감사를 표한다. 이 책을 출간하면서 그들과 다시 함께 일할 수 있어서 영광이었다.

이 책의 모든 성경 인용은 따로 표시되지 않았다면 신개정표준역(NRSV)에서 가져왔다.

1

목적 정하기

"소묵시" 또는 "감람산 강화"라고도 불리는 마가복음 13장에 관한 주석을 쓰는 목적은 언뜻 보기에는 아주 명백해 보일 수 있다. 하지만 마가복음 13장에 관한 연구사는 연구자들이 다양한 목적을 가지고 연구에 임했음을 보여준다. 마가복음에서 가장 길게 연이어진 가르침들을 담고 있는 13장은 서른아홉 문장으로 되어 있는데, 이는 마가복음에서 그다음으로 긴 예수의 담화인 8:34-38이 단지 여섯 문장으로 되어 있다는 사실과 비교된다.[1] 마가복음 13장은 수많은 논제를 채굴할 수 있는 보고와도 같다. 그런 논제 중 어떤 것들은 역사적인 성격을 띠며, 마가복음 본문 뒤에 놓인 역사적 예수에 관한 정보를 끄집어내는 것과 관련된다. 어떤 논제들은 문학적인 성격으로 현재의 본문을 집필하는 데 쓰인 가상의 문서 혹은 구전 자료를 찾아내는 것과 관련된다. 또 다른 논제들은 현재의 정경 본문을 조사하여 그 본문에

---

1 Kenneth Grayston, "The Study of Mark XIII," *BJRL* 56 (1974): 375.

서 저자의 의도를 발견하는 것을 수반한다. 위의 예들은 마가복음 13
장에 대한 주석의 목적이 무엇이어야 하느냐에 관해 합의가 이루어
지지 않았음을 분명히 보여준다.

역사적 예수에 관한 정보를 얻기 위한 마가복음 13장 연구[2]

마가복음 13장의 독자 대부분은 나사렛 예수가 성전과 예루살렘의
멸망 및 자신의 재림에 관해서 가르치시는 바를 알기 위해 그 장을
읽는다. 마가복음 13:4에 나오는 제자들의 질문("우리에게 이르소서. 어
느 때에 이런 일[즉 13:2에 언급된 성전과 예루살렘의 멸망]이 있겠사오며, 이
모든 일이 이루려 할 때에 무슨 징조가 있사오리이까?")은 독자가 13:5-37
에 나오는, 그 질문들에 대한 예수의 대답에 초점을 맞추도록 한다.
독자들은 예수의 대답을 이해하려고 시도하는 가운데 여러 질문과
마주하게 된다. 그러한 질문의 몇 가지 예를 들자면,

- 13:6에서 예수가 뜻하는 바가 거짓 교사들이 와서 스스로를 예
  수라(즉 나사렛 예수, 부활한 그리스도라) 사칭한다는 말인가, 아
  니면 스스로를 비기독교 유대인들이 기다려 온 유대인의 메시

---

2 마가복음 13장을 진지하게 연구하고자 하는 이라면 누구에게나 George R. Beasley-
   Murray, *Jesus and the Last Days: The Interpretation of the Olivet Discourse*
   (Peabody, MA: Hendrickson, 1993)는 핵심 자료가 된다.

아라고 주장한다는 말인가?

- 13:10의 예언은 사도 시대에 이미 성취되었는가(참고. 복음이 "모든 민족"[RSV]에게 알려졌다는 바울의 롬 16:26; 골 1:6, 23에서의 진술), 아니면 여전히 그 성취를 기다리고 있는가?

- 13:14의 "멸망의 가증한 것"이 가리키는 것은 누구/무엇이며, 그(것)의 출현이 기원후 70년의 예루살렘 멸망을 둘러싼 사건들과 관계되는가, 아니면 장래에 있을 인자의 재림과 관계되는가?

- 13:24-27의 표현은 문자적으로 이해되어야 하는가, 아니면 비유적으로 이해되어야 하는가? 예수는 이러한 이미지를 구약의 예언자들과 같은 방식(참고. 사 13:9-11; 렘 4:23-28; 겔 32:5-8 등), 즉 은유적인 방식으로 사용하고 있는가?

- 13:24에서 예수는 인자로서의 그의 재림이 13:14-23에 묘사된 예루살렘의 멸망 직후에 있을 것이라고 가르치는가?

- 13:30의 "이 세대"가 뜻하는 바는 무엇인가? 예수의 예언은 빗나간 것인가?

마가복음 8:34-38, 마태복음 25:1-46과 같은 이 주제에 관한 예수의 다른 가르침 및 병행 구절(마 24:1-51; 눅 21:5-36)에 첨가된 예수의 말씀은 마가복음 13장의 예수의 가르침을 이해하는 데 어떤 도움을 주는가?

마가복음 13장에서 나사렛 예수가 실제로 한 말씀을 가려내려 하는 사람은 곧 추가 질문들을 마주할 것이다. 단지 영어 번역본에서

빨간색으로 되어 있는 말들을 골라 읽는 것으로는 이 문제가 해결되지 않는데, 왜냐하면 예수는 영어로 가르치지 않았기 때문이다! 영어라는 언어는 앵글로-색슨어(4-5세기 때 앵글랜드[*Angland*]에 침입한 앵글족과 색슨족 사이에서 발전된 게르만어)와 프랑스어(노르만족이 11세기에 잉글랜드에 침입했을 때 들어옴) 및 라틴어(성직자들과 교회의 영향)의 상호작용으로 만들어진 언어다. 설령 우리가 그리스어로 마가복음 13장을 읽는다 할지라도, 우리는 여전히 마가복음 5:41, 7:11, 34, 14:36, 15:34, 마태복음 5:22, 29, 6:24 등이 보여주듯 예수의 모국어가 아람어였다는 문제에 맞닥뜨리게 된다. 물론 예수는 1세기 그리스어를 어느 정도 알고 있었을 것으로 추정된다(그의 그리스어 지식이 어느 정도였는지는 여전히 논의되고 있다). 따라서 마가복음 13장에서 역사적 예수의 특정한 가르침을 찾고자 하는 시도는 결국 이 장의 그리스어 본문 밑에 있는 아람어를 찾아내는 것으로 귀결될 수밖에 없다! 그 결과 이 장에 있는 예수의 가르침을 이해하고자 하는 시도는 소위 "역사적 예수 탐구"와 관계되고, 현재의 복음서 본문 기저에 있는 *ipsissima verba*(예수가 실제 말씀한 그대로의 말), 혹은 적어도 그의 *ipsissima vox*(예수의 음성: 예수의 실제 가르침에 대한 좀 더 일반적인 이해)를 찾아내는 것과 관계된다.

역사적 예수 탐구[3]

일반적으로, 역사적 예수 탐구의 기원은 시인 레싱(Lessing)이 헤르만
사무엘 라이마루스(Hermann Samuel Reimarus)의 기록들을 그의 사
후에 출간한 시점으로 거슬러 올라간다.[4] 원제가 "익명 저자의 단편
들"("Fragments from an Unnamed Author")이었던 이 기록들은 이후에
『볼펜뷔텔 단편들』(*The Wolfenbüttel Fragments*)로 알려지게 되었는
데, 그것들이 독일 볼펜뷔텔에 있는 한 도서관에서 발견되었기 때문
이다.[5] 『볼펜뷔텔 단편들』에서 라이마루스는 "실제" 예수를, 기독론적
칭호들을 자기 자신에게 사용하거나, 성례를 제정하거나, 결코 자기
의 죽음과 죽은 자 가운데서의 부활을 예언한 적이 없는 인물로 그려
낸다. 더 나아가 그는 복음서에 묘사된 예수상이 그의 제자들에 의한
의도적인 기만의 결과라고까지 주장한다. 라이마루스의 글은 엄청난

---

3 역사적 예수 "탐구"에 대한 유용한 개관으로는 Colin Brown, "Quest of the
   Historical Jesus," in *Dictionary of Jesus and the Gospels*, rev. ed. Joel B. Green
   (Downers Grove, IL: IVP Academic, 2013), 718-56을 보라.
4 비록 그 이전에 이미 영국 이신론자들이 복음서에 나오는 예수의 다양한 기적들
   에 대해 의문을 제기하기 시작했지만(John Toland, 1670-1722, *Christianity Not
   Mysterious*; Thomas Woolston, 1669-1732, *Discourses on the Miracles of Our
   Saviour in View of the Present Controversy between Infidels and Apostates*;
   Matthew Tindal, 1655-1733, *Christianity as Old as the Creation, Or the
   Gospel, a Republication of the Religion of Nature*), 예수의 생애라는 역사적 개념
   하에 이러한 문제들을 제기하고 씨름했던 첫 번째 인물은 다름 아닌 라이마루스였다.
5 *The Wolfenbüttel Fragments*의 기초인 Reimarus의 *Apologie oder Schutzschrift
   für die vernüftigen Verehrer Gottes*의 영역본으로는 Hermann Samuel
   Reimarus, *Reimarus: Fragments*, ed. Charles H. Talbert, trans. R. S. Fraser,
   Lives of Jesus (Philadelphia: Fortress, 1970), 59-269을 보라.

반향을 일으켰다. "사도들이 그들의 글에 남긴 가르침과 예수가 그의
생애 동안 선포하고 가르친 것을 철저히 구별하는 것은 정당하다"[6]라
는 그의 말에 동의하든 안 하든 상관없이, 역사의 예수가 어떤 사람이
었고 그가 실제로 무엇을 가르쳤는지는 신약 학자들 간 논의의 핵심
논제가 되었다. 그렇게 역사적 예수를 발견하고자 하는 탐구가 시작
되었고, 그것이 거의 한 세기 반 동안 복음서 연구의 초점으로 남아있
었다.

　역사적 예수 탐구의 초창기 동안 복음서에 있는 몇몇 기적을 합리
적으로 설명하려는 시도가 있었다. 이후 한동안 복음서에 있는 **모든**
기적을 합리적으로 설명하고자 하는 시도가 뒤따랐다.[7] 시간이 흐르
면서 복음서에 기록된 예수의 생애 가운데 일어난 기적들을 합리적으
로 설명하려는 노력에 대한 확신이 점차 사라져갔다. 그간 다비트 슈
트라우스(David F. Strauss)의 『예수의 생애』(*Das Leben Jesu*, 1835)의
영향력이 점점 더 두드러지게 되었다.[8] 슈트라우스는 이적 기사들을
합리화하는 식으로는 역사적 예수에 도달할 수 없다고 주장하는데, 그
이유는 그 기사들이 일종의 신화로서, 일반적인 종교 진리를 상징적으

6　Albert Schweitzer, *The Quest of the Historical Jesus: A Critical Study of Its Progress from Reimarus to Wrede*, trans. W. Montgomery (New York: Macmillan, 1910), 16에서 인용됨.

7　이러한 시도의 좋은 예로는 Heinrich E. G. Paulus, *Das Leben Jesu als Grundlage einer reinen Geschichte des Urchristentums* (Heidelberg: C. F. Winter, 1828)가 있다.

8　이 책의 영역본인 *The Life of Jesus Critically Examined*, trans. George Eliot (London: Chapman)가 1846년에 출간되었다.

로 표현한 것이기 때문이라 한다. 그러므로 우리는 이들 신화에서 역사적 예수에 관한 역사적 사실의 골자를 찾아내려 해서는 안 되고, 그보다는 그것들을 "비신화화"하는 작업을 통해 거기에 담긴 일반적인 종교 진리를 찾아내야 한다는 것이다. 물론 그 종교적 진리는 당시의 진화론적 사조를 띤 자유주의적 신학과 부합되어야만 했다.

 이러한 초창기 역사적 예수 탐구는 줄잡아 말해도 복합적인 결과를 가져왔다고 할 수 있다. 이는 특별히 예수의 삶과 행동에 관련하여 그렇다. 많은 "탐구자"들이 복음서 연구에, 기적의 가능성을 배제하는 닫힌 우주라는 전제를 끌고 들어왔다. 이미 정해진 그들의 결론은 분명하다: 역사의 예수는 어떠한 이적도 행하지 않았고 죽은 자들로부터 부활하지도 않았다. 예수의 가르침과 관련해서는 그나마 조금 낫지만, 자기 죽음과 부활의 예언을 포함한 그의 가르침, 죄를 사할 수 있다거나 구약의 율법에 우선한 권위를 가지고 있다거나 자신이 그리스도요 인자요 하나님의 아들이라는 그의 주장들, 그리고 그의 종말론적 가르침들은 그 신빙성이 부정되었다. 종종 그의 가르침, 특별히 종말론을 포함한 그의 가르침이 신빙성이 없는 것으로 간주되었는데, 이는 연구자들의 기호와 가치관 때문이었다. 18세기와 19세기의 비판적 학자들은 일반적으로 예수의 종말론적 가르침에 반감을 품어 그것들을 급진적으로 재해석하거나(인자의 도래는 사람들의 마음속에서 일어나는 하나님 나라의 승리를 상징적으로 재현하는 것으로 해석되었다), 그 가르침의 신빙성을 부인하거나(그런 반쯤 정신 나간 상상이 예수와 같은 위대한 스승에게서 나왔을 리 없고 아마도 타락한 유대교의 표현이었을 것이라고 주장한다), 아니면 예수가 물려받은 미개한 유대 전통의

잔재로 간주했다. 이러한 시각들은 특별히 독일 학자들 가운데서 두
드러졌다.[9] 이렇게 복음서에 있는 예수의 가르침이 신빙성이 있느냐
없느냐는 문제는 종종 연구자들의 신념과 가치관에 따라 판단되었다.
진보적이고 자유주의적인 사고의 이상과 부합하거나 그러한 이상을
가르치는 것으로 재해석될 수 있는 예수의 가르침들은 신빙성이 있
는 것으로 여겨졌고, 그렇지 않은 것들은 미개하고 19세기의 계몽된
사고에 합당치 않은 것, 따라서 신빙성이 없는 것으로 간주되었다.

　19세기 말과 20세기 초에 이르러, 역사적 예수 탐구에 대한 몇몇
통렬한 비판이 나오면서 역사적 예수 탐구의 "죽음"을 초래했다. 그중
하나가 마르틴 켈러(Martin Kähler)의 『소위 역사적 예수 그리고 역사
적·성경적 그리스도』(The So-Called Historical Jesus and the Historic
Biblical Christ, 1892)였다.[10] 이 책에서 켈러는 역사 속에서 영향을 끼
치고 수많은 이들이 어린아이와 같은 믿음으로 교통한 대상이 역사
적 예수 탐구자들이 찾아낸 이른바 역사적 예수가 아니라 복음서에
서 선포되고 발견되는 그리스도라는 것을 입증했다.[11] 이러한 깨달

9　유대교의 종말론적 메시아 소망을 미개하고 광신적이며 타락한 유대교의 모습으
　　로 묘사한 것이 19세기 독일의 많은 역사적 예수 탐구자들의 반유대주의를 반영하
　　는 것일까? 나치 치하에서 그러한 반유대주의가 노골적으로 그 실체를 드러냈고,
　　그 예로 Walter Grundmann, Jesus der Galiläer und das Judentum (Leipzig:
　　Wigand, 1940)을 들 수 있다.

10　이 책의 영역본은 Carl E. Braaten이 번역하여 Philadelphia 소재의 Fortress 출판사
　　에서 1964년에 출간되었다. 독일어 원서의 제목은 Der sogenannte historische Jesus
　　und der geschichtliche, biblische Christus (Leipzig: A. Deichert, 1892)이다.

11　Martin Kähler, The So-Called Historical Jesus and the Historic Biblical Christ,
　　trans. Carl E. Braaten (Philadelphia: Fortress, 1964), 66.

음은 역사적 예수 탐구의 동기를 무력화시켰다. 또한 그 깨달음은 그러한 탐구가 신학적으로 불합리함을 보여주었다. 그러한 "탐구"로 도출된 예수가 신앙의 대상인 그리스도와 아무런 본질적 연관이 없었기 때문이다. 역사적 예수 탐구에 결정적인 타격을 가한 또 하나의 책은 빌리암 브레데(William Wrede)의 『복음서의 메시아 비밀』(*Das Messiasgeheimnis in den Evangelien*, 1901)이었다.[12] 브레데는 가장 먼저 나온 복음서, 따라서 초기 기독교인들에 의한 원문 손상이 가장 적은 복음서라 간주되는 마가복음이, 실제로는 역사적 예수의 삶에 대한 중립적이고 객관적인 기록이 아니라는 것을 보여주었다. 마가복음은 믿음 안에서 믿음을 위해 쓰였다.[13] 제1차 세계대전의 끝 무렵에 발흥한 양식비평은 복음서들이 쓰이기 전에 복음서 전승들이 구전으로 전해졌고, 그 전승들의 보존과 형성이 초기 교회의 종교적 관심사에 의해 결정되었음을 보여주었다. 이는 역사적 예수 탐구자들이 가진바 실제의 역사적 예수를 되찾는 것의 가능성에 대한 확신을 뒤흔들어 놓았는데, 이것은 예수 전승 전승자들의 종교적 신념 때문이다.

---

12 이 책은 Göttingen에서 Vandenhoeck & Ruprecht 출판사에 의해 출간되었다. 영역본인 *The Messianic Secret*, trans. J. C. G. Greig (Cambridge: James Clarke)은 놀랍게도 1971년에서야 출판되었다.

13 추후 역사적 예수의 "새로운 탐구"에서 나온 가장 유명한 "예수전"인 Günter Bornkamm의 *Jesus of Nazareth*, trans. I. McLusky et al. (New York: Harper, 1960)에 나오는 다음의 말과 비교해보라: "우리가 가진 예수의 어떤 말도, 우리가 가진 예수의 어떤 이야기도, 그것들이 설령 논의의 여지 없이 믿을만한 것이라 할지라도, 그 안에 신앙공동체의 고백을 담고 있지 않은 것, 혹은 그러한 고백 속에 깊이 새겨지지 않은 것은 단 하나도 없다. 이 점은 있는 그대로의 역사적 사실을 찾아내는 일을 어렵게 만들며, 대부분 허사가 되게 한다"(14쪽).

역사적 예수 연구에 결정타를 입힌 세 번째 책은 알베르트 슈바이처
(Albert Schweitzer)의 『역사적 예수 탐구』(*The Quest of the Historical
Jesus*, 1906)였다.[14] 이 책에서 슈바이처는 역사적 예수 탐구의 산물인
"역사적" 예수는 자유주의 연구자들 자신의 형상을 따라 만들어진 자
유주의의 창조물이라는 것을 보여주었다.[15] 실제의 예수는 사실 자유
주의적 정서를 침해한다는 것을 슈바이처는 지적했다. 실제의 예수
는, 계몽주의 사상과 19세기 역사적 예수 탐구자들의 가치관을 공유
한 19세기의 자유주의적 예언자가 아니라, 종말의 사건(하나님 나라의
도래와 인자의 하늘로부터의 출현)을 고대하고 선포했던 1세기의 유대
인 예언자였다.[16] 슈바이처의 역사적 예수 탐구에 대한 비판은 설득력
있고 통렬했다. 자유주의적인 역사적 예수 탐구자들은 역사적 예수에

---

14 독일어 원서의 제목은 *Von Reimarus zu Wrede: eine Geschichte der Leben-
   Jesu-Forschung* (Tübingen: Mohr Siebeck, 1906)이다. 영역본은 1910년에 나
   왔다.

15 "결과"("Results")라고 제목을 붙인 마지막 장에서 슈바이처는 다음과 같이 말한다
   (*Quest*, 398): "메시아로서 공중 앞에 나섰으며, 하나님 나라의 윤리를 선포했
   고, 이 땅 위에 하늘나라를 세웠으며, 죽음으로써 자신의 마지막 거룩한 사역을 완
   수했던 나사렛 예수의 모습은 어디에서도 찾을 수가 없다. 그는 합리주의가 빚어
   내고 자유주의가 숨을 불어넣고 현대 신학이 역사적인 옷을 입혀 놓은 인물일 뿐
   이다." George Tyrrell이 그의 책 *Christianity at the Cross-Roads* (New York:
   Longmans, 1910), 44에서 한 다음의 말도 참고하라: "Harnack[그리고 다른 역사
   적 예수 탐구자들]이 19세기 동안 이어진 가톨릭의 어두움을 뚫고 되돌아본 그리스
   도는, 깊은 우물 밑에 비친 자유주의적 개신교도 자신의 투영된 모습일 뿐이다."

16 슈바이처는 *Quest*, 398-99에서 이렇게 말한다: 실제의 예수는, "지금의 기독교[19
   세기 신학적 자유주의]가 스스로 만들어낸 예수에 관해 주장한 것같이, 자기 생각과
   사상의 기원이라고 주장할 수 있는 예수 그리스도일 수 없다.… 역사적 예수는 지금
   우리 시대에겐 낯선 사람, 수수께끼 같은 인물일 것이다."

대한 진정한 탐구는 필연적으로 종말론적 예수로 귀결될 수밖에 없고, 그러한 예수의 가르침과 행동은 그들의 자유주의적 신학 노선에 정면으로 대치됨을 곧 깨닫게 되었다. 슈바이처의 책은 역사적 예수 탐구에 치명타를 가했고 그러한 탐구의 동기를 없애버렸다.

역사적 예수 탐구의 종언을 가져온 네 번째 원인은 역사 연구에 수반되는 주관적 요소에 관한 인식이었다. 19세기의 선도적인 역사가는 레오폴트 폰 랑케(Leopold von Ranke, 1797-1886)였다. 폰 랑케는 원본에 근거한 역사연구를 통해, "있었던 그대로의 과거"(wie es eigentlich gewesen) 이해, 즉 순수하게 실제로 어떤 일이 있었는가를 아는 것을 추구하였다. 폰 랑케는 일기, 메모, 목격자의 직접적인 진술, 외교 문서, (베네치아 고문서 기록 보관소에 보존된 것과 같은) 정부 문건 등의 원자료 조사를 역사 연구의 바탕으로 삼았다. 그래서 그는 사료를 바탕으로 한 역사학 방법론의 창시자라는 정당한 평가를 받는다. 하지만 19세기 말엽 역사가들은 모든 역사 연구에 필연적으로 수반되는 주관적 요소를 인식하기 시작했다. 특히 빌헬름 딜타이(Wilhelm Dilthey, 1833-1911)는 객관적이고 전제가 깔려 있지 않은 역사기술이란 것은 없음을 보여주었다. 그는 "역사 이성 비판"("critique on historical reason")이라는 글에서 역사적 사실들 자체는 스스로 말할 수 없으므로, 모든 역사 연구는 해석된 역사라는 점을 지적했다. 역사적 사실들은 해석되어야만 한다. 역사가는 어떤 역사적 "사실들"을 조사할 것인지 결정해야 하고, 이러한 선택은 그 역사가에게 있어 그 사실들이 가지는 중요성과 관계된다.[17] 역사 연구에 수반되는 주관적 요소와 역사가가 이미 가지고 있는 전제들이 그들

의 연구에 미치는 영향에 대한 이러한 인식은, 참으로 객관적인 역사
적 예수 연구가 가능하다는 확신을 깨뜨렸다. 신약학에서 이러한 발
전들의 결과로, 역사적 예수의 "옛" 탐구는 그 종언을 맞았다.

역사적 예수에 관한 "새로운 탐구"[18]

1918년부터 1953년까지 역사적 예수 탐구는 대체로 휴면상태에 있
었다. 역사적 예수에 대한 이러한 무관심은 특별히 독일에서 두드러
졌다. 이러한 무관심의 성경적 근거로 고린도후서 5:16에서 나타나는
것처럼 보이는 역사적 예수에 대한 바울의 무관심이 인용되었는데,
그 구절에서 바울은 이렇게 말한다: "그러므로 우리가 이제부터는 어
떤 사람도 육신을 따라 알지 아니하노라. 비록 우리가 한때 그리스도
도 육신을 따라 알았으나 이제부터는 그같이 알지 아니하노라."[19] 이

---

17 참조. 같은 책, 4: "예수의 생애에 대한 역사적 연구는 순수한 역사적 관심에서 비롯
   된 것이 아니다. 그것은 [기독교] 교리의 전제(專制)에 대한 투쟁의 동맹자로 역사적
   예수를 주목한 것에 기인한 것이다." N. T. Wright가 그의 책 *Jesus and the Victory
   of God* (Minneapolis: Fortress, 1996), 17에서 내린 다음의 결론도 주목하라: "'[역
   사적 예수] 탐구'는 명백히 반신학적, 반기독교적, 반교리적 운동으로 시작되었다.
   그것은 애초에 기독교 신앙의 바탕이 될 예수를 찾는 것이 그 목적이 **아니라**[저자
   의 강조], (그 당시) 교회가 가진 신앙이 사실상 실제의 나사렛 예수에 바탕을 둘 수
   없었음을 보여주는 것을 의제로 삼았다."
18 역사적 예수 탐구에 있어 새로운 단계를 가리키는 이 명칭은 James M. Robinson,
   A New Quest for the Historical Jesus and Other Essays, SBT 15 (London: SCM
   Press, 1959)에서 유래한다.
19 바울이 이 구절에서 역사적 예수에 관한 무관심을 보여주고 있다는 해석은 잘못된
   해석이다. "육신을 따라"(*kata sarka*)라는 문구를 형용사구로 보아 명사인 "그리스
   도"를 수식하는 것으로 간주하기보단, 부사구로서 동사인 "알았으나"를 수식하는 것
   으로 이해하는 것이 가장 합당하다. 바울은 이 구절에서 그가 기독교인이 되기 전에

러한 태도는 1953년 에른스트 케제만(Ernst Käsemann)의 한 강연을
통해 바뀌었는데, 그 강연은 일 년 후 출판되었다.[20] 그 강연에서 케제
만은 학자들이 역사적 예수를 완전히 무시해선 안 된다며 그 이유로
역사적 예수를 무시하면 나사렛 예수의 인성을 부인했던 초기 기독
교 이단인 가현설의 오류에 빠질 수 있음을 지적했다. 또한, 그는 학
자들이 진정한 역사가라면 복음서들에 역사적 예수의 삶과 가르침에
대한 신뢰할 만한 자료들이 있다는 사실을 부인할 수 없다는 점도 지
적했다.[21] 그리고 그는 복음서 자료들의 검증 수단 혹은 기준을 제시
했다: 만약 복음서의 어떤 자료가 유대교나 원시 기독교, 특히 유대교
적 기독교가 그 자료를 순화시켰거나 교정시켰을 당시의 원시 기독
교로부터 유래할 수 없는 것이라면, 그것은 신뢰할 만한 것이라고 확
신할 수 있다.[22] ("비유사성"과 "당혹성"의 원칙에 관한 아래의 논의를 보라.)

가졌던 예수에 관한 앎을 "육신을 따른" 앎이라 부르며 거부하고 있는 것이지 (참고.
롬 7:7-25), "육신을 따른" 그리스도, 즉 역사적 예수를 거부하고 있는 것이 아니다.

20 Ernst Käsemann, "Das Problem des Historischen Jesus," *Zeitschrift für
Theologie und Kirche* 51 (1954): 125-53. 이 논문의 영역본이 Ernst Käsemann,
"The Problem of the Historical Jesus," in *Essays on New Testament Themes*,
trans. W. J. Montague, SBT 41 (London: SCM Press, 1964), 15-47에 실려 있다.

21 "역사가라면 그가 역사가로 남아 있기 원하는 이상, 그 신빙성을 인정해야만 하는
부분들이 공관복음 전승 안에 분명 존재한다는 사실을 우리는 간과하고 있는 것
같다"(Käsemann, "Problem of the Historical Jesus," 46). Robinson(*New Quest*,
76)의 다음 언급도 참고하라: "새로운 탐구는, 우리가 가진 원자료들이 현대적 역사
관 및 자아관으로 표현될 수 있는 새로운 종류의 탐구를 **가능케 한다**는 사실을 바탕
으로 세워져야 한다."

22 Käsemann, "The Problem of the Historical Jesus," 37. 이 점에 있어 Käsemann
은 본질적으로 그의 스승이 이미 제시했던 기준을 되풀이 하고 있다. Rudolf
Bultmann, *The History of the Synoptic Tradition*, trans. John Marsh (New

　새로운 탐구를 요청하는 케제만의 호소와 그가 제시한 기준은 우
호적으로 받아들여졌다. 학자들은 열광적으로 그 도전을 수용했고,
"역사적 예수의 새 탐구"가 많은 신약 연구의 초점이 되었다. 옛 탐
구가 역사적 예수와 복음서 안에서 발견되는 신앙의 예수 간 불연속
성을 증명하여 역사적 예수로부터 기독교의 케리그마를 분리시키려
했다면, 새 탐구는 케리그마의 그리스도와 역사적 예수 사이의 연속
성을 증명하려 했다. 하지만 새 탐구자들 대개가 옛 탐구자들과 마
찬가지로 자연주의적 세계관을 공유했기 때문에(즉 기적의 가능성을 부
인했기 때문에) 그들이 증명하고자 했던 연속성에는 예수의 기적과 그
의 부활 혹은 재림과 같은 이슈들은 포함되지 않았다. 대신 그들은 예
수의 가르침 속에 있는 결단 및 실존적 조우(遭遇)로의 초청, 그리고
초기 교회의 선포 속에 있는 참된 실존의 제시 사이의 연속성을 규명
하려 했다.[23] 곧 하나의 문제가 부각되었다. 복음서와 교회는 예수가
그리스도이자 하나님의 아들이시며, 그가 세상의 죄를 위하여 돌아가
셨고 죽은 자들로부터 영광스럽게 부활하여 승천하셨으며, 또한 그가
언젠가 인자로서 다시 오셔서 세상을 심판하실 것이라고 선포했다.
그런데 옛 탐구자와 새 탐구자 모두는 대체로 복음서 안에 있는 그

　York: Harper, 1963), 205: "한편으로는 유대교적 윤리 및 경건이 예수의 선포를 특
　징짓는 독특한 종말론적 성향과 대조되어 표현되는 경우, 그리고 다른 한편으로는
　특별히 기독교적이라 할 만한 특징을 찾을 수 없는 경우에만 우리는 진짜 예수의 모
　습을 찾았다고 할 수 있다."

23 첫 탐구자들이 18-19세기의 신학적 자유주의 관점으로 역사적 예수 탐구에 접근했
　던 것처럼, 새로운 탐구자들 역시 20세기 전반의 철학적 실존주의의 관점으로 역사
　적 예수 탐구에 임했다.

런 내용이 진정성이 없으며 예수에게 걸맞지 않은 내용이라고 주장
했다. 역사적 예수와 복음서에 선포된 그리스도 사이에 중요한 연속
성을 확립하고자 했던 새 탐구의 노력이 불충분하다는 점이 곧 분명
해졌다.[24]

새로운 탐구의 좀 더 영속적인 공헌은 역사적 예수 연구에 관한 관
심을 다시 한번 불러일으켰다는 데 있다. 케제만에게서 영감을 받은
학자들은 예수의 다양한 말씀의 진정성을 객관적으로 확립하기 위해
여러 "진정성 평가를 위한 기준들"을 찾아내려 했다. 그중 특별히 도
움이 되는 기준들로 판명된 것으로 다음과 같은 것들이 있다.

1. **다중 증거**. 이 기준은 예수의 어떤 가르침을 증언하는 증거가 많
   으면 많을 수록 그 가르침이 실제 예수의 가르침이었을 확률이
   높아진다고 가정한다. 이러한 증거들로는 마가복음, Q(마가복음
   에서는 발견되지 않는, 마태복음과 누가복음의 공통자료), M(마태복음
   의 고유자료), L(누가복음의 고유자료), 요한복음이 있다.
2. **다중 양식**. 이 기준은 예수의 어떤 가르침이 여러 개의 문학 형
   태에서 발견되면 그 가르침이 실제 예수의 가르침이었을 가
   능성이 높다고 가정한다. 그러므로 그의 사역 가운데 하나님
   나라가 도래했다는 예수의 가르침이 비유, 이적 설화, 다양한 말

---

24 새로운 탐구에서 나온 예수전 중 가장 잘 알려진 Bornkamm의 *Jesus of Nazareth*가
다음과 같이 시작된다는 점에 주목하라: "누구도 더는 예수의 전기를 쓸 수 있는 위
치에 있지 않다"(13쪽).

쓺, 예수에 대한 설화 등에서 나타난다는 사실은 그 가르침의 신빙성을 옹호해주는 증거가 된다.

3. **아람어적 언어 현상.** 예수의 모국어가 아람어였으므로, 아람어 용어나 아람어를 구사하는 팔레스타인 유대인들의 언어 관습이 나타나는 경우, 그러한 용어 혹은 관습이 예수 당시의 상황을 반영할 가능성을 시사한다. 이러한 언어 관습의 예로는 하나님의 이름을 다른 용어로 대치하는 것(예. "하늘 나라")과[25] "신적 수동태"(수동태를 사용함으로써 능동태의 경우 주어가 될 하나님에 대한 언급을 피할 수 있다)를 사용하여 하나님 호칭을 피하는 것을 들 수 있다.[26]

4. **비유사성.** 이 기준에 따르면 예수의 어떤 말씀이 당시 유대교의 가르침과 상충하고 또한 초기 교회의 가르침과도 어긋날 경우 그 가르침은 거의 확실히 실제 예수의 가르침이다. 이 기준은 실제 예수의 가르침을 나타내는 확실한 지표라는 열렬한 지지를 받았고 실제로도 아주 유용한 면이 있는 것이 사실이지만, 적용되는 영역이 아주 제한적이다. 동시대 유대교와 초기 교회의 가르침과 아무런 공통점이 없는 가르침을 베푸는 예수를 상정하는 것은 깜짝 놀랄 만한 시대착오일 것이다. 그러므로 비록 이

---

25 하나님의 이름을 쓰는 것을 피하고자 다른 말로 대치하거나 우회적으로 표현하는 예들은 마 5:34-35; 6:9; 막 11:30; 14:61-62; 눅 6:35; 12:8-9; 15:10, 21에서 찾을 수 있다.
26 하나님의 이름을 쓰는 것을 피하려고 신적 수동태를 사용한 예들은 마 7:1, 7; 10:30; 막 4:25; 10:40에서 찾을 수 있다.

기준이 예수의 가르침들 가운데 독특한 것을 찾아내는 데 유용하다 할지라도, 예수의 가르침들 가운데 전형적인 것을 찾아내는 데는 그리 유용하지 않다고 할 수 있다. 그리고 독특한 것과 전형적인 것을 찾는 일 중에서 후자가 더 중요하다.[27]

5. **당혹성**. 이 기준은 예수의 어떤 말씀이나 행동이 신앙공동체를 당황스럽게 했을 경우(예. 예수가 요한에게 회개의 침례를 받은 것이라든지[막 1:4, 9; 참고. 마 3:13-17] 마지막 날과 그때는 자신도 모른다는 예수의 막 13:32에서의 고백과 같은 경우) 그것이 거의 확실히 실제 예수의 언행이었음이 틀림없다고 가정한다. 그렇게 당황스럽게 만드는 전승을 이후의 교회가 창작해냈을 가능성은 매우 희박하다.

6. **편집 경향과 반대되는 전승**. 우리가 어떤 복음서 저자의 강조점과 반대되는 예수의 언행을 찾게 될 경우, 그것은 그 전승이 너무나 잘 알려져 있고 확립된 전승이므로 복음서 저자의 편집 목적과 상치됨에도 불구하고 그 복음서 저자에 의해 복음서에 포함되었음을 암시한다. 그렇게 널리 알려진 전승의 경우 실제 예수의 언행이었을 가능성이 높다. (마 11:13과 마태가 그의 복음서 안에서 율법의 영속성을 특별히 강조한 점을 대비해보라.)

7. **종말론적 성향의 말씀**. 복음서 안에 있는 예수의 종말론적 가르

---

27 이 기준의 사용과 발전에 대한 유용한 개관으로 Gerd Theissen and Dagmar Winter, *The Quest for the Plausible Jesus: The Question of Criteria*, trans. M. Eugene Boring (Louisville: Westminster John Knox, 2002)을 참고하라.

침들의 역사적 신빙성을 배격했던 옛 탐구자들과 달리, 오늘날 학자들은 예수의 가르침이 철저히 종말론적임을 인정한다. 이 기준은 학자들이 예수를 현대화하고 그에게 자기의 형상을 입히는 것을 막는 데 가장 유용하다. 예수의 가르침과 1세기 유대교의 종말론적 사고 간의 유사성은, 이제 그 가르침의 역사적 신빙성을 판단하는 데 있어 부정적인 요인이 아닌 긍정적인 요인으로 인식된다. 예수의 가르침은 동시대인인 1세기 유대인들의 사고와 여러 측면에서 달랐지만, 그것이 그의 사고가 19세기 탐구자들이 주장했던 것처럼 비종말론적이었기 때문은 결코 아니었다. 그의 가르침은 철저히 종말론적이었고, 그 중심에 하나님 나라가 도래했다는 그의 선포가 있었다.[28]

8. **비유와 시.** 예수가 이러한 문학 형태들을 많이 사용했음은 분명하다. 좀 더 비판적인 학자들조차도 복음서 안의 이러한 문학 형태들에서 우리가 예수 전승의 기저에 이르게 된다고 인정한다. 한편, 이러한 문학 형태들은 초기 교회의 가르침 속에서는 거의 발견되지 않는다(특별히 비유에 있어 더욱 그러하다). 그러므로 우리는 복음서 안에 있는 이러한 종류의 자료들의 신빙성 문제에 긍정적으로 접근해야만 한다.[29]

---

28 19세기에는 예수의 종말론적 가르침들이 유대교의 메시아 대망사상 및 묵시사상과의 유사점 때문에 신빙성이 없는 것으로 간주되었던 반면, 오늘날엔 일반적으로 바로 그러한 특징들이 실제 예수의 가르침이었음을 나타내는 지표로 여겨진다는 점은 흥미로운 사실이다!

29 참고. Klyne R. Snodgrass, "Parable," in *Dictionary of Jesus and the Gospels*,

9. **일관성과 조화.** 일단 우리가 예수의 교훈에 관한 일반적인 이해
   에 도달하고 비판적으로 검증된 최소 분량의 가르침을 확보하
   면, 복음서 안에 있는 예수의 다른 가르침 중에서 이 최소 분량
   의 가르침과 조화가 되는 것은 진정성 있는 가르침으로 간주할
   수 있을 것이고, 그 가르침의 진정성을 부인하는 사람이 있다면
   그들이 입증의 책임을 져야 할 것이다.

또한 예수의 진정한 가르침을 찾는 데 있어 부정적 기능을 담당하
는 몇몇 기준이 발견되었다.

1. **전승 발전의 경향성.** 양식비평의 초창기에는 구전 전승의 계승
   이 어떤 법칙을 따른다는 확신, 그리고 이러한 법칙을 알아내고
   그것을 복음서 전승들에 적용함으로써 초기 형태의 전승에 이
   를 수 있다는 상당한 확신이 있었다. 학자들은 이 법칙이 마태와
   누가가 어떻게 마가를 사용했는지, 후기의 외경 복음서들이 어
   떻게 정경 복음서들을 사용했는지, 민간전승들이 다양한 문화
   속에서 여러 세기를 거치며 어떻게 발전되었는지를 주의 깊게
   관찰함으로써 확정될 수 있다고 보았다. 이러한 전승 발전의 "법
   칙"을 앎으로써 우리가 그것을 거꾸로 현재의 복음서 전승들에

ed. Joel B. Green and Scot McKnight (Downers Grove, IL: InterVarsity Press, 1992), 596: "복음서의 비유들에 초기 교회가 첨가한 부분도 있다고 확신하는 학자들조차도 실제로 예수에게서 기인한 가장 신빙성 있고 신뢰할 만한 가르침들을 비유들이 제공한다고 간주한다."

적용하여 후대에 교회가 덧입힌 껍질을 벗겨내고 초기의 좀 더 원시적인 형태에 다다를 수 있다는 것이다. 하지만 이후 좀 더 신중한 연구에서는 이러한 소위 "법칙"이 사실은 법칙이 아니고, 많은 경우 이러한 "경향성"이 그에 필적하는 "반대 경향성"을 가지고 있는 것으로 밝혀졌다. (어떤 경우에는 후기 형태의 전승이 좀 더 구체성을 띠는 경향을 나타내고[예컨대 관련된 인물들의 이름을 밝힌다든지 하는 것과 같은] 다른 경우에는 후기 형태의 전승이 오히려 덜 구체적이고 좀 더 일반적인 경향을 나타낸다.)[30] 더 나아가 예수의 사역과 복음서 집필 간의 짧은 기간은, 많은 경우 수백 년에 걸쳐 이루어지는 이런 경향성의 발전에 반대되는 결론을 시사한다. 목격자들의 현존(눅 1:2) 역시 "신성한" 것으로 여겨진 전승의 과격한 변형을 억제하는 작용을 했다(막 8:34-38; 13:31).

2. **환경적·언어적 모순.** 어떤 말이나 행동이 예수 당시의 환경적·문어적 세계에 어긋나는 경우 그 말 또는 행동이 신빙성이 없다는 것은 본질적으로 자명한 이치다. 즉 예수가 그의 사역 동안에 **했을 가능성이 없는** 말은 그가 실제로 **하지 않은** 것이다. (도마복음서 47의 "한 사람이 두 마리의 말을 탈 수 없다"는 말은 예수가 했을 가능성이 있지만, "한 사람이 두 대의 오토바이를 탈 수 없다"는 말을 예

---

30 이와 관련하여 가장 도움이 되는 E. P. Sanders, *The Tendencies of the Synoptic Tradition*, SNTSMS 9 (New York: Cambridge University Press, 1969)은 이렇게 결론짓는다: "**한 본문이 어떤 특징을 가지고 있다고 해서 그것이 다른 본문보다 초기의 것이라는 것을 증명한다는 식의 독단적인 진술은 절대 정당화되지 않는다**"(272, 저자의 강조).

수가 했을 가능성은 없다.) 종종 유대교 율법에서 허용하지 않는다
는 이유로, 여자가 그의 남편과 이혼하는 것과 관련한 마가복음
10:11-12의 말씀이 신빙성이 없다고 주장되었다. 하지만 바르
코크바의 반란(기원후 132-35) 시기에 쓰인 한 편지가 여자가 남
편과 이혼하는 것을 언급하고 있고, 더욱 중요한 것은 예수의 사
촌인 세례 요한이 예수가 마가복음 10:12(참고. 막 6:17-29)에서
말씀한 것과 본질적으로 같은 말을 했기 때문에 참수되었다는
점을 우리는 기억해야 한다.

3. **신빙성 있는 말씀들의 모순.** 일반적으로 역사적 신빙성이 있다고
   받아들여진 예수의 말씀들과 조화를 이루는 복음서 속 예수의 가
   르침들이 역사적 신빙성이 있을 가능성이 더욱 높은 것처럼, 그
   러한 말씀들과 모순되는 가르침들은 역사적 신빙성이 없을 가능
   성이 높다. 하지만 복음서에 나오는 예수의 말씀이 다른 말씀들
   과 정말 모순되지를 판단할 때는 반드시 주의를 기울여야 한다.
   필자는 소위 모순들이라고 지적된 많은 부분이 사실은 예수가 시
   적 표현이나 언어 유희를 사용한 점, 그 말씀이 나온 문맥, 혹은
   그가 과장법이나 과장된 표현을 문학 양식으로 사용한 점 등에
   충분히 주목하지 않았기 때문에 나온 판단임을 종종 발견했다.

복음서에 나오는 개별 말씀과 교훈이 역사적으로 신뢰할 수 있는
지 없는지를 다루는 이러한 기준들과 더불어, 문서로 된 자료들의 신
뢰성에 대한 일반적인 태도를 결정짓는 몇 가지 요인이 있다. 그러한
요인들로는 전승의 나이, 전승의 지역색, 그리고 다양한 전승들의 독

립성 등이 있다.[31]

실제 예수의 말씀들을 찾으려는 노력은 복합적인 결과를 낳았고, 비판적인 학자들은 복음서에 담긴 예수의 말씀들이 역사적 신빙성이 있다고 주장하는 편에 입증의 책임이 있다고 본다. 이것은 복음서 기사들이 무죄로(신뢰할 수 있는 것으로) 입증되지 않으면 유죄라고(신뢰할 수 없다고) 추정하는, 정당화되지 않는 회의론이다. 역사적 신빙성을 판단하는 기준들은 복음서 말씀들의 무죄를(신빙성을) 입증하기 위한 것으로 이해되어서는 안 되며, 오히려 복음서 안에 있는 다양한 말씀의 역사적 신빙성을 강화하는 보강 증거를 제공하는 것으로 이해되어야 한다.[32]

20세기 마지막 사반기 동안 "새 탐구"의 한 발현으로서 "예수 세미나"(the Jesus Seminar)가 있었다.[33] 이 세미나는 정경과 정경 밖의 예수 자료들(후자로서 가장 중요한 자료는 도마복음이다) 둘 다를 연구하는 일단의 북미 학자들로 이루어졌는데, 그들은 이러한 자료들 안에 있는 예수의 말씀과 행적이 어느 정도의 역사적 신빙성을 가졌는지를

---

31 Theissen and Winter, *Quest for the Plausible Jesus*, 12-15을 보라.

32 역사적 신빙성 판단을 위한 기준들에 관한 더욱 상세한 논의는 다음을 보라: Robert H. Stein, "The 'Criteria' for Authenticity," in *Gospel Perspectives: Studies of History and Tradition in the Four Gospels*, ed. R. T. France and David Wenham (Sheffield: JSOT Press, 1980), 225-63; Stanley E. Porter, *The Criteria for Authenticity in Historical-Jesus Research: Previous Discussions and New Proposals*, JSNTSS 191 (Sheffield: Sheffield Academic Press, 2000); Theissen and Winter, *Quest for the Plausible Jesus*.

33 비록 어떤 이들은 예수 세미나가 "제3의 탐구"에 훨씬 가깝다고 주장하지만, 그들은 제3의 탐구가 주장하는 매우 유대적인 예수와는 아주 상반된다.

판정하려 했다. 신빙성은 세미나 구성원들의 투표로 판정된다. 투표는
유색 구슬로 행해지는데, 그 색깔들은 투표자들이 말씀이나 행적에
부여한 역사적 개연성을 나타낸다. 빨간색 구슬은 투표자가 그 말씀
이나 행적을 역사적 사실로 보았음을 표시했다. 핑크색 구슬은 투표
자가 그 말씀을 역사적 사실일 개연성이 높다고 생각했음을 뜻했다.
회색 구슬은 역사적 사실이 아닐 개연성이 높다고 생각했음을 표시
했다. 검정 구슬은 역사적 사실이 아니라고 간주되었음을 의미했다.
투표의 결과는 『다섯 복음서』(The Five Gospels)에서 찾을 수 있다.[34]

　　실제로는, 투표 결과를 평가하는 방법이 때때로 미심쩍은 결과들
을 가져 왔다. 예를 들면, 과반수가 빨강이나 핑크로 투표했어도(즉 어
떤 말씀이 역사적 사실이거나 역사적 사실일 개연성이 높다고 여겨졌어도)
나머지 투표자 대부분이 검정으로 투표했으면, 결과는 회색, 즉 역사
적 사실이 아닐 개연성이 높은 것으로 나올 수 있었다. 그런 결과는
매우 의심스럽다. 게다가 그 학자 중에는 첫 역사적 예수 탐구자들과
같은 강한 반(反)종말론적 편향성을 가진 이들이 있었다는 점을 주목
해야 한다. 이 점은 마가복음 13장에 대한 투표 결과가 어떠한지를
보면 분명해진다. 그 장 전체가 검정 혹은 회색이며, 그중에서도 검
정이 대부분이고 13:2, 21, 28-29, 32, 34-36만 회색이다. 마태복음
24-25장에 대한 투표 결과를 보면, 25:14-28이 핑크인 것을 제외하
면 두 장 모두 검정 아니면 회색이다.

---

34 Robert W. Funk and Roy W. Hoover, *The Five Gospels: The Search for the
　　Authentic Words of Jesus* (New York: Poleridge, 1993).

공정하게 말해서, 예수 세미나를 구성한 일단의 학자들이 전 세계 신약 학자들을 대표하는 것과는 전혀 거리가 멀다고 할 수 있다. 그들은 거의 배타적으로 북미 학자들만으로 구성되었으며, 그 안에서조차 신약 학계의 좌익을 대변하는 쪽으로 치우쳐 있었다. 그들이 도마복음서와 같은(*The Five Gospels*라는 제목을 주목하라) 정경 외적인 자료들과 「마가의 비밀 복음서」(*Secret Gospel of Mark*)라든지 「십자가 복음서」(*Cross Gospel*)와 같은 가상의 자료에 부여한 신뢰도는 전혀 정당화될 수 없는 것이다. 심지어 세미나에 속한 어떤 이들은 도마복음서를 정경의 복음서들보다 더 높이 평가했다. 이것은 어쩌면 도마복음서가 최소한의 종말론만을 보여준다는 점 때문일 텐데, 이는 첫 역사적 예수 탐구자들이 가졌던 것과 같은 반종말론적인 편향성에 동조하는 것이다. 도마복음서의 연대와 관련하여, 몇몇 세미나 구성원은 도마복음서가 사복음서보다 이른 50년대에 쓰였다고 본다. 이와는 반대로 대부분의 학자는 도마복음서가 쓰인 연대를 기원후 180년경으로 본다.[35]

일반적으로 1958년 모튼 스미스(Morton Smith)가 발견했다고 추정되는 「마가의 비밀 복음서」의 경우,[36] 수년 동안 그 책에 접근할 수

---

35 Craig A. Evans, *Fabricating Jesus: How Modern Scholars Distort the Gospels* (Downers Grove, IL: InterVarsity Press, 2006), 52-77을 보라. 『만들어진 예수』 (새물결플러스 역간).

36 「마가의 비밀 복음서」의 일부가 알렉산드리아의 클레멘스(Clement of Alexandria) 의 알려지지 않은 편지라고 주장되는 한 필사본에서 실제로 발견되었다. 그 필사본은 안디옥의 이그나티우스(Ignatius of Antioch)의 저작들을 수집하여 17세기에 인쇄한 전집의 몇몇 면지(end papers)에서 나왔다. 그것은 18세기 서법의 그리스

있는 유일한 수단은 스미스가 1973년 출판한 책에 실린 본문의 흑백 사진 한 세트가 전부였다. 2000년에 그 사본의 컬러 사진이 출판되었다. 현재 실제 사본의 소재는 알려진 바 없고, 따라서 그것에 접근할 수 있는 유일한 방편은 사진 두 세트뿐이다. 「마가의 비밀 복음서」가 어쩌면 스미스 본인에 의해서 실제로는 존재하지 않은 것을 거짓으로 꾸며낸 것인가 아니면 2세기 초반의 작품을 18세기에 누군가 필사한 것이라는 의미에서 "진짜인" 것인가에 대해 상당한 논의가 있다. 비록 몇몇 학자는 「마가의 비밀 복음서」가 사복음서 이전에 쓰였고 마가복음의 원자료 중 하나였다고 믿지만, 이러한 입장을 지지하는 이는 극소수에 불과하다. 2013년 현재 사본의 행방은 알 수 없고, 그 "사본"의 잉크와 제지용 섬유는 단 한 번도 조사받은 적이 없다. 따라서 그 사본이 확보되고 정밀한 과학 조사를 통과하지 않는 한 「마가의 비밀 복음서」는 마가복음의 기원이나 역사적 예수에 관한 정보를 제공하는 자료로 고려될 수 없다.

몇몇 예수 세미나 구성원이 사복음서보다 더 오래되었다고 주장하는 「십자가 복음서」의 경우도 비슷한 역사를 가지고 있다. 「십자가 복음서」는 「베드로 복음서」라 불리는 2세기 저작의 일부라 주장되는데, 이 「베드로 복음서」는 유명한 초기 교회 역사가인 에우세비오스(Eusebius, 260-340)에 의해 언급되었다. 1886-1887년에 사본 하나가 이집트의 아크하민(Akhamin)에서 발견되었는데, 이 사본이 이 복음서의 단편을 포함하고 있다고 일반적으로 가정된다. 몇몇 학자는

어로 쓰였다.

이 「베드로 복음서」 안에서 정경에 있는, 복음서 저자들이 원자료로
사용한 오래된 전승인 「십자가 복음서」를 발견했다고 주장한다. 「베
드로 복음서」의 추가적인 단편들이 70년대와 80년대에 발견되었다
(POxy 2949와 4009). 예수의 십자가 죽음과 부활을 다루고 있는, 그래
서 「십자가 복음서」라 불린 이 자료들이, 정경에 있는 복음서들 안의
상응하는 자료보다 더 이른 것이요 더욱 신빙성이 있는 것이라는 주
장은 설득력이 없다. 서기관들과 바리새인들 및 장로들이 예수의 의
로움을 고백한다든지, 움직이고 말하는 십자가라든지, "주의 날"이라
든지, 그 머리를 하늘 위로 뻗은 천사라든지 하는 등등의 기술들은,
아무리 이차적인 자료들을 수술해 쳐낸다 해도, 이 복음서가 정경에
있는 복음서들보다 더 오래되고 더 신뢰할 수 있는 역사적 원자료를
제공한다는 주장을 거의 뒷받침하지 못한다. 그러므로 이러한 정경
외적 자료들이 실제의 예수에 다다르도록 해주는, 더욱 원시적이고
신빙성 있는 원자료일 것이라는 주장의 정당성은, 마치 아침 안개가
다가오는 한낮의 태양이 떠오름에 따라 사라지는 것처럼, 세밀한 검
증을 통해 사라지게 된다.[37]

역사적 예수에 관한 "제3의 탐구"[38]
예수를 "비유대적"(de-Judaized)이고 "비종말론적"(de-eschatologized)

---

37 좀 더 자세한 논의와 비판을 위해서는 Evans, *Fabricating Jesus*, 78-99을 보라.
38 "역사적 예수의 '제3의 탐구'"라는 명칭은 Stephen Neill and Tom Wright, *The Interpretation of the New Testament 1861-1986*, 2nd ed. (New York: Oxford University Press, 1988), 379에서 N. T. Wright가 붙였다.

으로 그려냈던, 그래서 여러 면에서 옛 탐구자들이 추구하던 바를 계
승한 예수 세미나와는 대조적으로, "제3의 탐구"는 더욱 영속적인 성
과를 기대하게 한다. 그것은 제3의 탐구가, 역사적 예수의 유대적 기
원과 특성 그리고 그의 사역과 가르침의 종말론적 성격을 충분히 인
정한다는 점에서 좀 더 견고한 토대에 기반하기 때문이다.[39] 제3의
탐구에서는 예수 세미나 혹은 옛 탐구자들과 대비해 볼 때 참 아이
러니하게도 복음서 기사들 속에 있는 유대적이며 종말론적인 특징
들이 그 기사들을 역사적으로 신뢰할 수 없는 이유가 아니라 오히려
신뢰할 수 있는 증거로 간주된다. 제3의 탐구는 위에서 제시된 기준
들에다 "이중적 유사성"("double similarity")이라는 중요한 기준을 더
한다. 만약 예수의 어떤 말씀이 1세기 유대교 안에서 그럴듯하다 믿
어지고(전복의 요소를 많이 담고 있다고 할지라도), 또한 이후의 기독교
가르침의 출발점(정확한 복제는 아니라 할지라도)이라 여겨진다면, 이
"이중적 유사성"은 그 말씀의 신빙성을 지지한다.[40]

　마가복음 13장을 연구하여 성전 파괴와 예루살렘의 멸망 및 인자
의 도래에 대한 예수의 가르침을 알고자 하는 것은 정당하고 가치 있

39 John P. Meier, "The Present State of the 'Third Quest' for the Historical Jesus: Loss and Gain," *Biblica* 80 (1999), 485-87을 보라. 또한 다음도 참고하라. Martin Hengel, "Tasks of New Testament Scholarship," *BBR* 6 (1996), 70: "오늘날 우리는 어쩌면 2차 세계 대전 후 우리 학문 분야[신약학]의 가장 중요한 통찰 중 하나로 초기 교회가 태생적으로 유대교에 얼마나 깊이 뿌리박고 있는지를 인지한 점을 들 수 있을 것이다."

40 N. T. Wright, *Jesus and the Victory of God* (Minneapolis: Fortress, 1997), 132. 『예수와 하나님의 승리』(크리스천다이제스트 역간).

는 작업이다. 하지만 위에서 언급한 어려움이 나타내는 바와 같이, 그것은 처음 생각한 만큼 단순한 일이 아니다. 또 하나 언급되어야 할 어려움은 많은 학자에 의해 인정되는 바 마가복음 13장의 예수의 말씀이 모두 일시에 지금의 순서대로 선포된 것이 아닐 수 있다는 개연성이다. 만약 그러한 가능성대로 그중 어떤 말씀들이 다른 때에 선포된 것이라면 13:5-37의 논리 전개와 순서는 예수의 것이라기보다 마가의 것이 된다. 그런데도 마가복음 13장의 예수가 다음의 것들을 가르쳤다고 결론짓는 것이 타당해 보인다.

- 성전과 예루살렘 성이 제자들의 생전에 멸망할 것이다.
- 전쟁, 자연재해, 거짓 예언자들 및 거짓 메시아들이 일어날 것이나, 이것들은 성전 파괴의 표적이나 직접적인 전조가 아니라 다만 자연스러운 일의 추이일 뿐이다.
- 예수를 따르는 이들은 핍박을 받을 것이다. 하지만 그 핍박을 통해서 혹은 그 핍박에도 불구하고 복음이 열방에 전파될 것이다.
- 그들이 핍박을 받을 때 성령께서 그들과 함께할 것이고 그들의 변호를 도우실 것이다.
- "멸망의 가증한 것"이 예루살렘의 멸망에 선행할 것이고 믿는 자들의 공동체는 이를 예루살렘을 즉시 떠나라는 신호로 받아야 한다.
- 인자가 하늘로부터 와서 만방에서 그의 택하신 이들을 모을 것이다.
- 하나님 한 분 외에는 그의 재림의 때를 알지 못한다. 그러므로

믿는 자들은 그의 오심을 준비하는 삶을 살아야 한다.

우리는 아래 3장부터 7장까지 이러한 결론의 석의적 근거를 보게 될 것이다.

원자료에 관한 정보를 얻기 위한 마가복음 13장 연구

19세기에는 성경 기사들 저작에 사용된 성문 자료를 찾는 작업이 모세 오경과 공관복음 연구에서 중요한 역할을 했다. 모세 오경의 경우 이러한 작업은 J(하나님이 여호와[Yahweh]로 칭해지는 일단의 단락들 ["J"는 그 이름의 독일어 철자에서 온 것이다]), E(하나님이 엘로힘[Elohim]으로 칭해지는 일단의 단락들), P(제사와 관련된 사안에 특별한 관심을 갖는 일단의 단락들), D(신명기 저술에 사용된 자료)라 불리는 원자료들과 관계된다. 공관복음의 경우 기본적인 원자료들은 마가복음(현재 우리가 갖고 있는 마가복음을 말한다. 하지만 어떤 학자들은 정경 마가복음과는 다른, 하지만 그것의 기본 자료로 사용된 원마가복음이 있었다고 주장한다), Q(마가복음에는 없는, 마태복음과 누가복음의 공통 자료), M(마태복음 고유 자료), 그리고 L(누가복음 고유 자료)이다. 어떤 학자들은 본질적으로 누가복음의 초기판이라 할 수 있는 원누가복음(Proto-Luke)이 존재했다고 주장하지만, 이 입장은 일반적으로 받아들여지지 않는다. 또한 현재의 정경 복음서들이 기록되기 전에는 이들 복음서 안에 포함된 복음 전승들이 구전으로 전해져 내려왔다고 믿어진다. 이 구전 전승들은 개별 전승으로도 존재했고, 비유, 이적 이야기, 선언 이야기, 수난 설화, 탄생 설화 등의 모음집으로도 존재했다. 이런 모음집 중 어떤 것들은 성문화되었을 것이다. 하지만 이러한 자료들이 정확히 어떻게 첫 번째 복음서 저자인 마가에 의해 사용되었는지는 전혀 확실치 않다.

비율적으로 봤을 때, 비슷한 분량의 성경 어느 부분도 마가복음 13장만큼 원자료 분석에 시간과 노력이 더 들어간 곳은 없다. 마가복음의 원자료 탐구의 출발과 가장 관련이 큰 저작은 1864년에 나온 T. 콜로니(Coloni)의 *Jésus Christ et les croyances messianiques de son Temps*이다. 이 책은 콜로니의 이전 저작들과 결론들에 기초를 두는데, 그 결론들은 예수가 "메시아"라는 호칭을 자신에게 사용하는 것을 피했고, 자신을 단지 예언자로 인식했으며, 하나님 나라가 이미 도래했고 점진적으로 모든 인류에게로 확대될 것이라고 선포했다는 것이다. 그러므로 예수가 자신이 인자로 와서 종말론적 의미로 하나님 나라를 가져올 것이라고 믿지 않았다. 또한 콜로니는 인자가 예루살렘의 멸망 직후에 재림한다는 내용이 들어 있는 마가복음 13:24-27이라든지, 제자들 생전에 역사의 종말이 일어나리라는 13:30과 같은 말씀이 역사적인 예수의 가르침이라고 믿지 않았는데, 그 이유는 예수가 그러한 일들에 관하여 그렇게 잘못 생각했을 리 없다는 것이다. 제자들이야말로 그러한 유대적 메시아 신앙 및 묵시 신앙을 예수 전승에 덧입힌 장본인들이라고 한다. 콜로니는 이러한 믿음과 전제들을 마가복음 13장 연구에 가지고 들어왔다. 그러므로, 마가복음 13장을 파헤쳐 예수가 말한 바 그대로의 말씀(*ipsissima verba*)

을 찾으려 했던 그의 결론들은 예상 못 할 바가 아니다. 그는 마가복음 13:5-31이 유대-기독교 묵시적 가르침들로 이루어졌는데, 이 가르침들이 역사적 예수로부터 유래하지도 않았고 사실 그의 가르침과 상반된다고 보았다. 그 이후로 많은 학자가 콜로니를 따라 마가복음 13장 배후에 있는 유대적 혹은 유대-기독교적 원자료를 찾아내었는데, 그 자료는 13:7-8, 12, 14-22, 24-27; 혹은 13:5b-8, 12-16, 19-22, 24-27; 혹은 13:6, 7b, 8, 12, 13b-20a, 22, 24-27; 혹은 13:7-8, 14-20, 24-27로 구성되어 있다고 한다.[41]

비록 어떤 학자들은 여전히 유대 묵시적 원자료가 마가복음 13장 배후에 있다고 주장하지만, 오늘날 대다수 학자는 마가복음 13장의 자료에 기독교적 기원이 있다고 믿는다. "소묵시" 단락 배후에 유대-기독교적 원자료가 있다고 간주하는 이들은 주로 13:7-8, 14-20, 24-27에서 이 자료를 찾는다.[42] 하지만 현재의 경향은 이 자료 대부분을 예수의 가르침에서 유래하는 것으로 인정하는 것이다. 예루살렘의 심판을 묘사하는 자료 중 어느 것도 그와 같은 사건을 예언하고 묘사한 이전의 예언 자료에서 이미 발견되지 않는 것은 없다(참고. 시 74:3-7; 137:1-9; 렘 7:14; 9:11; 26:6, 17-19; 32:24-29; 52:4-30; 겔 4:1-3; 미 3:9-12). 또한 이 자료 중 어느 것도 기원후 70년 이후의 실

---

41 예수의 가르침 속에 들어 있는, 공관복음 이전의 종말론적 전승을 재구성하려는 시도로는 David Wenham, *The Rediscovery of Jesus' Eschatological Discourse*, Gospel Perspectives 4 (Sheffield: JSOT Press, 1984)를 보라.

42 Robert H. Stein, *Mark*, BECNT (Grand Rapids: Baker Academic, 2008), 583n4 을 보라.

제 사건에 관해 묘사한 내용을 예수가 말한 것으로 읽히도록 하는 것
은 없다. 그와는 반대로, 예수의 예언에는 몇 가지가 빠져 있는데 이
들은 마가복음 13장이 기원후 70년 이전에 쓰였음을 암시한다. 그중
하나는 성전과 예루살렘 성의 파괴에 큰 역할을 한 화재에 대한 언급
이 전혀 없다는 점이다.[43] 또 다른 예는 포위 기간 중 성안에 있었던
여러 유대 집단 간의 격렬한 싸움에 대한 언급이 전혀 없다는 점이다.
또 하나는 로마인들에 의해 성벽 바깥에서 십자가에 달려 처형된 수
천 명의 유대인을 언급하지 않는다는 점이다. 마지막으로, 멸망이 겨
울 동안에 일어나지 않도록 기도하라는 언급(13:18)은 만약 그 단락
이 기원후 70년 이후에 기록되었다면 아주 이상한 언급이 된다. 예루
살렘의 멸망이 그해 여름에 일어났기 때문이다.[44]

그 원자료를 찾기 위해 마가복음 13장을 탐구하는 주된 목적은
마가복음보다 더 이른 자료를 발견하는 것이다. 마가복음이 가장 먼
저 기록된 복음서라는 결론을 내렸고, 그러므로 함축적으로 그것이
예수 전승의 더 원시적인 형태를 담고 있을 거라는 결론에 이르렀으
므로, 문예 비평을 계속해 나가면 그보다 더 원시적인 형태의 전승에
이를 수 있을 거란 바람이 있었다. 그러면 이 자료는 우리를 예수가
하신 그대로의 말씀(*ipsissima verba*)과 그대로의 음성(*vox*)에 더 가까

43 *J. W.* 6.249-87과 비교해 보라.

44 Grayston 역시 "Mark XIII," 377에서 "시간을 나타내는 네 개의 절[13:7, 11, 14,
18]에서 제시된 상황은 어떤 식으로도 기원후 70년 이후의 상황과 상응할 수 없다.
사실 그것들은 유대 반란 이전, 실제 충돌이 아직 전개되지 않았지만 있을 법한 갈
등의 윤곽은 알 수 있는 어느 시점으로 무대의 장면을 설정한다"고 지적한다.

이 가도록 이끌어줄 것이다. 그러므로 "원자료에 관한 정보를 얻기 위
한 마가복음 13장 연구"는 실제로 "역사적 예수에 관한 정보를 얻기
위한 마가복음 13장 연구"를 위한 기본적인 도구다.

원자료를 찾기 위한 마가복음 13장 연구의 배후에, 그 안에서 발견
되는 종말론적 자료로부터 예수의 가르침을 분리하려는 바람이 있음
을 우리는 인지해야 한다. 이는 19세기에 자유주의 신학이 전성기를
구가하는 동안 특히 그러했다. 하지만 마가복음 13장의 원시 자료를
찾으려는 많은 연구자에게는 예수가 하신 그대로의 말씀과 그대로의
음성에 도달하고자 하는 진정한 바람도 있었다. 이러한 노력이 얼마
나 성과를 거두었는지에 대해서는 많은 논의가 있다. 불행히도 그 결
과는 종종 연구 자체에 기초를 두기보다는 그 연구에 가져온 전제에
근거를 두었다.

마가복음 13장의 원자료를 찾는 다른 목적들은 단순히 문예적
인 성격을 띨 수 있다. 자료 비평가들은 우리가 가진 현재의 마가복
음 근저에 어떤 성문 자료가 있는지뿐만 아니라 그 근저에 있는 구
전 자료를 발견하는 일에도 관심을 가진다. 문예비평가들은 그 안에
사용된 은유적 용어들을 관찰하기 위해 마가복음 13장을 연구할 수
도 있다. 용어를 언제 문자적으로 해석해야 하는가? 언제 비문자적
이고 과장된 용어를 사용하고 있는가? 우리는 어디에서 시적 특질을
볼 수 있는가? 13:4에 나오는 두 질문은 동의적 대구법(synonymous
parallelism)의 예로 이해되어야 하는가 아니면 계단식 대구법(step
parallelism)으로 이해되어야 하는가? 마가복음 13장의 논지는 어떻
게 전개되는가? 우리는 이 본문의 성격을 묵시문학적으로 보아야 하

는가, 아니면 예언서적으로 보아야 하는가? 그것을 어떻게 정의하는
지가 중요한가?

마가복음 13장에 관한 연구가 다양한 이유와 목적을 염두에 두고
진행될 수 있음이 분명해 보이는데, 마가복음 13장 연구에 있어 "가
장 좋은 길"이 있을까?

마가복음 13장을 저술한
복음서 저자의 의도 찾기

18세기 후반과 19세기 및 20세기 초반에는 복음서 연구가 예수의 실
제 가르침을 확정하는 것(그가 하신 그대로의 말씀과 목소리를 찾는 것)과
복음서의 원자료를 찾아 확정하는 것(과거에 "문예비평"이라고 불렸던
것)에 초점을 두었다면, 1930년대에는 "우리는…학자들이 복음서들
을 분석한 것보다 복음서들의 가르침에 더욱 흥미를 갖게 된 시대에
이르렀다. 그리고 이것은 그들이 마가복음 13장을 다루는 방식에 반
영된다."[45] 1950년대와 1960년대에 편집비평이 출현하면서 학자들
은 우리가 가지고 있는 현재의 복음서들 집필에 있어 최종 저자들의
고유한 역할에 연구의 초점을 맞추기 시작했다. 역사적 예수 탐구가
복음서 전승의 첫 번째 정황, 즉 나사렛 예수의 삶과 가르침에 주의를
집중했고, 현재 우리가 가진 복음서 근저에 놓인 구전 자료와 성문 자

---

45 Beasley-Murray, *Jesus and the Last Days*, 142.

료 연구가 복음서 전승의 두 번째 정황, 즉 초기 교회에 관해 알 수 있
는 것에 초점을 맞추었지만, 편집비평은 복음서 전승의 마지막 세 번
째 정황에 주의를 기울였다.[46] 복음서를 집필하는 데 있어 복음서 저
자의 역할을 간과하거나 혹은 연구에 방해가 된다는 이유로 그 역할
을 말소시켜 버린 역사적 예수 탐구 및 양식비평과는 달리, 편집비평
은 복음서 저자의 역할과 그들이 복음서 전승에 끼친 공헌에 주의와
관심을 집중했다. 편집비평은 복음서를 집필하는 데 있어 마태, 마가,
누가의 독특한 신학적 강조점과 목적 및 복음서들이 쓰인 삶의 정황
을 찾고자 했다. 다름 아닌 공관복음서들의 다양성이 이제 관심의 중
심에 놓이게 되었다. 당연하게도, 이전의 학자들이 그들을 "공관복음
서들"이라 칭하게 하고 신약 성경 안에 그들을 나란히 두게 했던 공
관복음서들 간의 일치점과 유사성은 경시되었다. 마가복음과 관련
하여 편집비평가들은, 종종 마태와 누가의 주된 강조점과 일치하는
마가의 주된 강조점에 집중하기보다는 마가복음의 저자가 현재의 복
음서 형성에 독특하게 기여한 바에 더 집중하였다.

　마가복음 13장 본문의 의미를 이해하려는 데 있어 그 의미를 어디
에서 찾아야 할지를 두고 많은 논의가 있다. 의사전달 활동을 구성하
는 세 부문이 마가복음 13장의 의미를 결정한다고 주장하는 사람들
이 있다. 1930년대와 1960년대 사이에 "신비평"(New Criticism)이라
불리는 운동이 일어났는데, 그 운동은 의미가 본문의 속성이라고 주
장했다. 그래서 독자들은 본문 자체의 현재 형태를 이해하는 데 그

---

46 그러한 삶의 정황을 칭하는 원래의 독일어 표현은 *Sitz im Leben*이다.

들의 주의를 집중하기 시작했다. 원저자가 본문을 통해 소통하려 한 바는 문제가 되지 않았다. 본문은 자율적 구조물로 간주되었고 고립된 문예 작품으로 다루어져야 하는 것이 되었다. 의미가 본문의 속성이라는 주장의 가장 큰 문제점은 어떻게 생명 없는 사물(본질적으로 파피루스/양피지와 잉크)이 무언가를 "뜻할 수" 있는지다. 의미는 추론과 사고의 산물이다. 그러므로 어떤 한 성문의 본문이 어떤 의미를 전달할 수는 있어도, 그것이 어떤 의미를 뜻할 수는 없다. 생명 없는 사물인 본문은 생각할 수가 없기 때문이다! 오직 의사소통을 구성하는 다른 두 요소(저자와 독자)만이 추론하며 사고할 수 있다. 그러므로 어떤 의도된 의미는 의사소통 과정을 구성하는 두 인간적 구성 요소로부터 나올 수밖에 없다.

　20세기 후반 동안, 독자-반응 해석학(reader-response hermeneutic)이 문학계에서 유행했다. 이 관점은 본문의 의미를 결정하는 것이 바로 독자라고 주장했다. 독자가 어떤 본문에 의미를 부여하기 전까지는 본문은 본질적으로 죽어 있는 상태 혹은 동면 상태에 있는 것이다. 독자야말로 본문을 실현하며 그것에 의미를 부여하는 주체다. 그 결과 본문은 하나의 의미가 아닌, 독자들이 부여하기로 선택한 만큼 의미를 띠게 된다. 독자들이 그들 자신의 목적과 관심을 본문에 가져오는 것이 고무되는데, 이는 그렇게 함으로써 그들이 본문에 생명과 열정을 부여하기 때문이다. 그 결과 우리는, 본문의 저자들이 집필 당시 전혀 그러한 관심이 없었거나 실제로는 그러한 견해에 반대했을 수 있음에도 불구하고, 마르크스주의자, 여권 신장론자, 평등주의자, 남성 동성애자, 여성 동성애자, 해방주의자, 탈식민주의, 생태학적 해석,

사회 과학적 해석 등의 해석을 만나게 된다.[47]

이 책은 전통적인, 저자-지향 해석학에 기초하여 마가복음 13장의 저자가 그의 1세기 독자들에게 전하려 한 바 그 의미를 이해하는 것을 목적으로 한다.[48] 이것은 본질적으로 본문의 내용을 조사하여 역사적 예수가 성전과 예루살렘의 멸망 혹은 인자의 재림에 관해 가르쳤던 바를 찾으려는 시도가 아니다. 이 책에서 우리는 예수의 부활과 마가복음이 쓰인 시점 사이의 초기 교회 역사에 관해 배우려고 시도하지 않는다. 때때로 이러한 문제들이 간략히 논의될 수도 있지만 그것도 우리가 가진 본문에 마가가 부여한 의미를 더 잘 이해하는 데 도움이 될 경우에 한한다. 이 책의 목적은 우리가 마가라 부르는 복음서의 저자가 뜻했고 마가복음 13장 본문을 통해 전달하려 했던 바를 이해하는 것이다. 누가 실제로 신약의 두 번째 복음서를 지었는지의 문제는 우리가 마가복음 13장의 의미를 발견하는 데 중요치 않다. 이 장의 의미는 그가 누구든 간에 그 저자가 우리에게 준 그리스어 본문을 통해 뜻했던 바이다. 저자가 누구냐에 관한 관심은 보통 그 저자의 메시지에 주어지는 중요성 혹은 가치와 관련된다. 만약 자신의 집이 초기 교회의 모임 장소였던(행 12:12) 사도행전의 마가가 이 복음서의

---

47 본문의 의미를 어디에서 찾아야 하는가에 대한 이 세 가지 다른 견해에 관한 좀 더 상세한 논의는 Robert H. Stein, *A Basic Guide to Interpreting the Bible: Playing by the Rules*, 2nd ed. (Grand Rapids: Baker Academic, 2011), 5-18을 보라.

48 필자는 다음의 견해에 완전히 동의한다. Hengel, "Tasks," 83: "'독자-반응 비평'에도 불구하고 [본문 연구에 있어] 가장 확실한 출발점은 여전히 초기 기독교 저자, 즉 그가 그의 수신인들, 청중들, 독자들을 고려하여 의도했고 뜻했던 바이다."

저자라면, 이 복음서는 예수의 삶과 가르침에 관한 정확하고 믿을만
한 기사로서 그 가치가 상당히 높아진다. 만약 이 복음서가 어떤 알려
지지 않은 마가에 의해 쓰였다면, 그래서 복음서의 목격자들 증언들
과 그의 관계가 불확실하다면, 그 역사적 가치는 상당히 감소한다. 하
지만 마가복음 13장의 의미는 영향을 받지 않는다! 마가복음 13장의
의미는 저자가 누구냐와 관계 없이 여전히 그 저자가 이 장을 기술했
을 때 뜻했던 바인 것이다. 전통적인, 제2 복음서의 마가 저작설을 지
지하는 증거들은 강력하고 설득력 있다.[49] 그럼에도 불구하고, 이 책
에서 "마가"라는 이름을 사용할 때 우리는 그 복음서의 실제 저자가
누구인가에 관해 주장하는 바 없이 다만 이 복음서와 전통적으로 연
계되었던 이름을 쓰는 것이다.

　마가가 이 장을 쓸 때 누구를 대상으로 썼는지를 아는 것은 마가복
음 13장의 의미를 이해하는 데 도움이 된다. 이에 관한 정보를 두 자
료로부터 얻을 수 있다: 외적 정보(전통) 그리고 내적 정보(우리가 마가
복음 자체로부터 독자에 관해 알 수 있는 것). 후자가 더 객관적이며, 우리
는 그로부터 다음과 같은 것들을 배울 수 있다.

1. 본문의 아람어 용어와 표현이 독자를 위해 그리스어로 번역되
   었다는 사실로 미루어 볼 때, 독자들의 모국어는 본문의 언어인
   그리스어였고, 그들은 아람어를 몰랐다(3:17-22; 5:41; 7:11, 34;
   9:43; 10:46; 14:36; 15:22, 34을 보라).

---

49 마가 저작설에 대한 논의는 Stein, *Mark*, 1-9을 보라.

2. 독자들은 기독교인들이었다. 그리스도, 하나님의 아들, 인자, 다
   윗의 후손, 주와 같은 호칭들이 설명되지 않는다. 세례 요한은
   그가 누구인지 아무런 설명 없이 무대에 등장한다(1:4-8).
3. 독자들은 한 목격자(구레네 사람 시몬)와 그의 두 아들들(알렉산더
   와 루포)이 다니는 교회에 속해 있었다(15:21).
4. 독자들은 복음서에 이름이 언급된 장소들을 알고 있었다(가버나
   움, 두로, 시돈, 예루살렘, 벳새다, 가이사랴 빌립보, 여리고, 베다니, 벳바
   게, 요단강, 유대, 갈릴리, 데가볼리, 게네사렛, 감람산이 아무런 설명 없
   이 언급된다).
5. 독자들은 구약의 인물들(아브라함, 이삭, 야곱, 모세, 엘리야, 다윗)과
   구약(12:10-11, 26; 14:49)에 익숙했다.
6. 독자들은 예수의 생애와 관련된 몇몇 지도자를 알고 있었다(헤
   롯, 빌라도).
7. 독자들은 구약의 예법과 의식들(안식일, 유월절, 무교절, 치유된 나
   병 환자의 정결례)에 익숙했지만 바리새인들과 연관된 몇몇 의식
   은 알지 못했다(7:3-4).
8. 독자들은 주로 유대인과 대비되는 이방인들이었다(7:3).[50]

이상의 내용이 마가복음에서 아무런 설명 없이 언급되었다는 사실
은 독자들이 이런 내용 대부분과 친숙했음을 전제한다. 요약하면, 우
리는 복음서 자체로부터 복음서의 집필 대상이 그리스어를 사용하는

---

50 마가복음의 독자에 관한 좀 더 자세한 논의는 Stein, *Mark*, 9-12을 보라.

이방인 그리스도인들이며 기독교 전통과 구약을 잘 아는 이들이었음을 알 수 있다.[51]

마가복음의 독자들이 있었던 장소는 덜 분명하다. 대체로 고대 전통은 이 복음서가 로마에서 로마 교회를 위해 쓰였다고 진술한다. (많은 논란이 있는 「마가의 비밀 복음서」와 요한 크리소스토모스[John Chrysostom]는 마가복음이 알렉산드리아에서 쓰였다고 주장한다.) 몇몇 내적 증거는 개연성 있는 출처로 로마를 제시한다. 그러한 증거 중에는 몇몇 "라틴 어법"이 있다: 자리(2:4, 9, 11; 6:55), 말(4:21), 군대(5:9, 15), 호위병(6:27), 데나리온(6:37; 12:15; 14:5), 손(7:3), 단지(7:4), 세금(12:14), 고드란트(12:42), 백부장(15:39, 44, 45), 만족시키려고(15:15), 채찍질(15:15), 브라이도리온(15:16). "마가복음에서 [이러한 단어들이] 자주 사용되는 것은 복음서 저자가 로마적 배경에서 집필했음을 암시한다."[52] "사경"(6:48; 13:35)이란 말은 로마식 시간 계산법을 따른 것이며 따라서 로마적 배경을 암시하는데, 유대식 시간 계산법에서는 밤을 세 경으로 나누기 때문이다. 마가복음의 독자와 관련한 주요한 다른 견해는 시리아 교회와 관련된다. 이 책에서는 독자와 관련

51 Morna D. Hooker는 "Trial and Tribulation in Mark XIII," *BJRL* 65 (1982): 98 에서 마가복음의 독자들이 아마도 "종말론적 기대로 인해 과도하게 흥분하고 격앙된 기독교인들이었을 것이다"라고 주장한다. "마가 공동체"의 좀 더 세부적인 그림을 얻고자 하는 시도의 난점들에 대한 논의는 Michael F. Bird, "The Markan Community, Myth or Maze? Bauckham's *The Gospel for All Christians Revisited*," *JTS* 57 (2006): 474-86을 보라.

52 Vincent Taylor, *The Gospel According to St. Mark* (London: Macmillan, 1952), 45.

한 가장 유력한 위의 두 견해 중 어느 것도 가정하지 않을 것이다. 앞
문단의 결론적 요약에서 찾을 수 있는 몇몇 결론이 때때로 언급될 수
있지만, 독자들의 정확한 위치에 관한 문제는 그 해결을 보류해 둘 것
이다.

2

마가복음 13장 해석과
관련된 주요 이슈들

처음부터 분명한 것은, 마가복음 13장이 독립적이고 분리된 낱장 혹은 단편이 아니라는 것이다. 그 기원이 어떻든 간에, 현재 마가복음 13장은 앞의 열두 장과 뒤의 세 장 사이에 배치되어 있다. 어떤 의미에서 마가복음 13장은 그 자체로 어느 정도의 완결성을 지니고 있다. 도입부가 있고(13:1-2) 결론이 있으며(13:37), 뒤따라오는 자료는 새로운 도입부를 가지고 있다(14:1). 마가복음 13장은 성전(과 예루살렘)의 멸망과 인자의 재림이라는 두 개의 논점을 가지고 있다는 점에서 그 내용이 통일성을 가진다. 하지만 마가복음 13장은 그 앞장들의 내용과도 연결되어 있으며 11:1-13:37의 결론 역할을 한다. 이스라엘, 특히 그 지도층이 그 소명을 이루고 열매 맺는 데 실패했고(11:12-25; 12:1-12, 38-40), 또한 이스라엘이 하나님께서 기름 부으신 이를 대적했기 때문에(11:1-19, 27-33; 12:13-17, 18-27; 참조. 14:1-2, 10-11), 심판과(13:1-23, 28-31) 인자의 재림 및 신원이 따를 것이다(13:24-27, 32-37). 이 두 주제가 뒤따라오는 장들에서도 반복된다(14:8-9, 23-

25, 27-28, 62; 15:39; 16:1-6 그리고 14:58; 15:29, 38).

　마가복음 13장의 문학 장르에 관해 많은 논의가 있다. 마가복음 13장은 다니엘 7-12장, 「에녹1서」 37-71장, 에스드라2서 13장과 같은 묵시 문학에 속하는가? 마가복음 13장과 그런 작품 간에 유사점들이 있긴 하지만, 마가복음 13장에는 천상의 환상, 예정된 구분들로 나뉜 인간 역사의 개관, 중개자 천사의 출현, 천상의 전투, 이스라엘이 그 적들로부터 건짐 받는다는 언급, 죽은 자들의 부활, 상벌을 포함하는 심판, 기묘한 이미지들, 가명 사용과 같은 묵시 문학의 특징적 요소들이 없다. 더구나 예언서와 묵시 문학 간에 분명한 장르적 차별이 존재하지 않는다. 이 점은 "묵시"(*apokalypsis*, 계 1:1)라고 적절히 지칭되는 요한계시록이 더 자주 스스로를 일컬어 "예언"(*prophēteia*, 계 1:3; 22:7, 10, 18-19; 참조. 22:6)이라 하는 것에서 분명해진다. 마가복음 13장을 묵시 혹은 예언으로 분류하는 데서 얻는 실익은 거의 없는데, 이는 묵시와 예언 모두에서 발견되는 우주적이고 과장되며 은유적인 언어를 해석하는 데 사용되는 규칙이 똑같이 적용되기 때문이다.[1] 마가복음 13장을 유언 혹은 고별 강화로 분류하려는 시도[2] 역

1　이에 대한 유익한 논의는 David E. Aune, *Apocalypticism, Prophecy, and Magic in Early Christianity: Collected Essays* (Grand Rapids: Baker Academic, 2008), 1-12을 보라. 특히 다음 진술을 주목하라: "지난 세기말에 이르기까지 점점 더 분명해진 것은 선지 문학과 묵시 문학이 연속성과 불연속성 모두를 나타낸다는 점이다"(6쪽).

2　Francis J. Moloney, *Glory Not Dishonor: Reading John 13-21* (Minneapolis: Fortress, 1998), 4-7; Joel Marcus, *Mark 8-16: A New Translation with Introduction and Commentary*, AYB (New Haven: Yale University Press, 2009), 867; C. Clifton Black, *Mark*, ANTC (Nashville: Abingdon, 2011), 264을 보라.

시 설득력이 없다. 왜냐하면 과거 사건들에 대한 회상, 제자들을 불러 모음, 화자의 임박한 죽음이나 이별에 대한 언급과 같은 이러한 장르들의 특징들이 마가복음 13장에는 빠져 있기 때문이다. 마가복음 13장에 대한 더 나은 묘사는 그것을 마가복음의 나머지 부분과 함께 "역사적 이야기"의 예로 정의하는 것이다.[3] 하지만 결국 "우리가 이 장에 붙이는 칭호는 그리 중요치 않다."[4]

대개 학자들은 마가복음 13장이 성전의 멸망과 인자의 재림에 관한 예수의 가르침에 관해 복음서 저자가 이해한 바를 논하고 있다는데 동의한다. 기본적인 논점은 어떤 단락들이 전자를 논하며, 어떤 단락들이 후자를 논하는가와 관련된다. 마가복음 13장을 어떻게 이해할 것이냐에 대한 몇몇 주된 제안이 다음의 개요들에 담겨 있다.

개요 1

13:5-23: 성전(과 예루살렘)의 멸망

13:24-27: 인자의 재림

13:28-31: 성전(과 예루살렘)의 멸망에 관한 비유

13:32-37: 인자의 재림에 관한 비유[5]

---

3 Adela Y. Collins, *The Beginning of the Gospel: Probings of Mark in Context* (Minneapolis: Fortress, 1992), 1-38(특히 23-28쪽).

4 Morna D. Hooker, *The Gospel According to Saint Mark*, BNTC (Peabody, MA: Hendrickson, 1991), 299.

5 William L. Lane, *The Gospel According to Mark*, NICNT (Grand Rapids: Eerdmans, 1974), 455-84; Larry W. Hurtado, *Mark*, NIBC (Peabody, MA: Hendrickson, 1983), 212, 222-25; Ben Witherington III, *The Gospel of Mark:*

개요 2

13:5-13: 성전(과 예루살렘)의 멸망

13:14-27: 인자의 재림 전 환난과 인자의 재림

13:28-31: 성전(과 예루살렘)의 멸망에 관한 비유

13:32-37: 인자의 재림에 관한 비유[6]

개요 3

13:5-23: 성전(과 예루살렘)의 멸망

13:24-27: 인자의 재림

13:28-37: 인자의 재림에 관한 비유[7]

개요 4

13:5-23: 인자의 재림 전 사건들

A Socio-Rhetorical Commentary (Grand Rapids: Eerdmans, 2001), 340, 348-50. Witherington은 ABA'B' 형태를 언급한다.

6 James R. Edwards, *The Gospel According to Mark*, PNTC (Grand Rapids: Eerdmans, 2002), 385-86 역시 ABA'B' 형태를 언급한다. Walter W. Wessel and Mark L. Strauss, *Mark*, rev. ed., EBC (Grand Rapids: Zondervan, 2010), 916도 참고하라.

7 George R. Beasley-Murray, *Jesus and the Last Days: The Interpretation of the Olivet Discourse* (Peabody, MA: Hendrickson, 1993), 364-65; Rudolf Pesch, *Das Markusevangelium, Part 2: Kommentur zu 8,27- 6,20*, 2nd ed., HTKNT (Freiburg: Herder, 1981); Hooker, *Mark*, 320-24; Francis J. Moloney, *The Gospel of Mark: A Commentary* (Peabody, MA: Hendrickson, 2002), 251-53, 272; Adela Y. Collins, *Mark: A Commentary*, Hermeneia (Minneapolis: Fortress, 2007), 591-619.

13:24-37: 인자의 재림[8]

개요 5

13:1-37: 성전(과 예루살렘)의 **멸망**과 (문자적인 의미에서 인자의 재림이 없는)
새 질서의 확립[9]

개요 6

13:1-31: 성전(과 예루살렘)의 멸망과 새 질서의 확립

---

8 Vincent Taylor, *The Gospel According to St. Mark* (London: Macillan, 1952), 498-
524; William Hendriksen, *The Gospel of Mark*, NTC (Grand Rapids: Baker, 1975),
510; D. E. Nineham, *Saint Mark*, PGC (Baltimore: Penguin, 1963), 343-62; James
A. Brooks, *Mark*, NAC (Nashville: Broadman, 1991), 204-18; Robert H. Gundry,
Mark: A Commentary on His Apology for the Cross (Grand Rapids: Eerdmans,
1993), 733-35; Craig A. Evans, *Mark 8:27-16:20*, WBC (Nashville: Nelson,
2001), 292; John R. Donahue and Daniel J. Harrington, *The Gospel of Mark*, SP
(Collegeville, MN: Liturgical Press, 2002), 378; Marcus, *Mark 8-16*, 867; Camille
Focant, *The Gospel According to Mark: A Commentary*, trans. L. R. Keylock
(Eugene, OR: Pickwick, 2012), 523, 529, 542-56.

9 Ezra Palmer Gould, *A Critical and Exegetical Commentary on the Gospel
According to St. Mark*, ICC (New York: T & T Clark, 1896), 240-41; Thomas
R. Hatina, "The Focus of Mark 13:24-27: The Parousia or the Destruction
of the Temple?" *BBR* 6 (1996): 43-66; N. T. Wright, *Jesus and the Victory of
God* (Minneapolis: Fortress, 1997), 339-68; Scot McKnight, *A New Vision for
Israel: The Teachings of Jesus in National Context* (Grand Rapids: Eerdmans,
1999), 120-55; Thomas R. Hatina, *In Search of a Context: The Function of
Scripture in Mark's Narrative*, JSNTSS 232 (Sheffield: Sheffield Academic
Press, 2002), 348은 다음과 같이 이 견해를 요약한다: "논의 전체(5-37절)는 4절
에 담긴 제자들의 두 부분으로 이루어진 질문…[즉] 성전 멸망에 관한 질문에 관한
마가의 예수의 응답으로 간주되어야 한다."

13:32-37: 인자와 종말이 올 미지의 때[10]

마가복음 13장을 다루는 주석들, 단행본들, 논문들에서 발견되는 이 장에 대한 다양한 해석은 많은 이유에 기인한다. 그 이유 중 하나는 해석자들이 세운 목적들의 차이와 관련된다. 이 책의 목적은 역사적인 혹은 문학적인 여러 다양한 주제를 위해 마가복음 13장을 발굴하는 것이 아니다. 오히려 이 책의 목적은 마가복음의 저자가 이 장에 포함하기로 선택한 예수 전승과 그러한 전승들의 배열, 그리고 그 자료들을 편집하고 기록하는 작업을 통해 그가 독자들에게 가르치고 싶어 했던 것을 이해하려는 것이다. 그러므로 이 책은, 실제 예수의 말씀을 재구성하여 그 말씀을 통해 예수가 무엇을 말하고자 했는지를 이해하려는 책들과는 그 목적에 있어 분명한 차이가 있을 것이다. 이 점은 그러한 재구성이 급진적이든 보수적이든 상관없이 그러하다. 마찬가지로 이 책은, 마가복음 13장을 문학적으로 해부하여 마가 이전의 여러 원자료를 식별하는 것을 목적으로 하는 책들과도 분명한 차이가 있을 것이다.

그러나 마가복음 13장을 기록한 저자의 의도를 이해하려는 목적을 공유하는 학자들 간에도 이 장이 어떻게 해석되어야 하는지에 관해 많은 이견이 존재한다. 이것은 부분적으로 이 장을 해석함에 있어

---

10 R. T. France, *Jesus and the Old Testament: His Application of the Old Testament Passages to Himself and His Mission* (Downers Grove, IL: InterVarsity Press, 1971), 231-33; and R. T. France, *The Gospel of Mark*, NIGTC (Grand Rapids: Eerdmans, 2002), 500-46. 『NIGTC 마가복음』(새물결플러스 역간).

많은 난점이 있음에 기인한다. 이러한 난점 중 가장 중요한 것은 13:4
에 있는 두 질문과 관계된다. 마가는 "어느 때에 [이런 일들이] 있겠
습니까?"(13:4a)와 "이 모든 일이 이루어지려 할 때 무슨 징조가 있겠
습니까?"(13:4b)를 같은 주제(성전의 멸망)를 다루는, 두 부분으로 이
루어진 하나의 질문으로 이해하는가? 만약 그렇다면 이는 동어반복
이며 본질적으로 동의적 대구법(synoymous parallelism)의 예가 될 것이
다. 아니면 그는 이 두 질문을 별도의 질문으로 보아 두 번째 것은
성전의 멸망에 관한 첫 번째 것과 사뭇 다른 인자의 재림이라는 주
제를 꺼내는 것으로 이해하는가? 만약 그렇다면 이는 계단식 대구법
(step parallelism)의 한 예가 될 것이다.[11] 또한 어떻게 이 두 질문이
13:2-3과 성전의 멸망(그리고 그 속에 암시된 예루살렘의 멸망)에 관한
예수의 진술과 관련되는가? "이런 일들"과 "이 모든 일"(13:4)의 선행
사는 13:2에 있는 성전 멸망에 관한 예수의 진술("네가 이 큰 건물들을
보느냐? 돌 하나도 돌 위에 남지 않고 다 무너뜨려지리라")인가? 또한 13:4
의 두 질문이 13:5-37과는 어떻게 관련되는가? 우리는 안디옥의 빅
토르(Victor of Antioch)가 13:4의 제자들의 질문과 13:5-37의 예수의
대답이 별개라고 제안했던 것처럼 그것들이 서로 연관이 없다고 이
해해야 하는가?[12] 아니면 마가는 13:5-37을 13:4에 관한 예수의 대

---

11 이것은 성전의 멸망과 인자의 재림이 비록 별개의 사건들이지만, 그 둘 다 예수의
사역으로 하나님의 나라가 도래함으로써 시작된 사건들이라는 점에서 서로 연관됨
을 전제한다.

12 Victor of Antioch, *The Catena in Marcum: A Byzantine Anthology of Early
Commentary on Mark*, ed. W. R. S. Lamb, TENTS 6 (Leiden: Brill, 2012), 399;

답으로 이해했는가? 만약 후자가 옳다면, 우리는 너무 성급히 마가복음 13:30("내가 진실로 너희에게 말하노니 이 세대가 지나가기 전에 이 일이 다 일어나리라")이 착오라고 단정해서는 안 된다. 마지막으로, 마가는 13:5-37의 내용 중 무엇이 13:4에서 언급된 "징조"라고 이해하는가?

13:5-23과 관련하여 이 구절들의 이해와 해석에 영향을 끼칠 몇 몇 중요한 논점이 떠오른다. 마가는 그의 독자들이 13:7-8과 9절, 11a절과 11b절, 14a절과 14b-16절, 21ab절과 21c-23절의 때에 관한 진술과 그것을 뒤따르는 권고를 자신들을 향한 것으로, 즉 복음서의 "외적 상황"을 향한 것으로 이해하기를 원했는가? 아니면 마가는 그의 독자들이 그 구절들을 예수가 그의 죽음과 부활 이후 성전이 멸망할 때까지 13:3에 등장하는 "역사 속의" 제자들(베드로, 야고보, 요한, 안드레)에게 그들이 경험할 것들에 관하여 하신 말씀으로, 즉 복음서의 "내적 상황"에 주어진 것으로 이해하길 원했는가? 마가복음의 독자들에게 예수가 그의 제자들에게 하신 특정한 권고, 예컨대 13:14에 있는 유대로부터 피난하라는 것과 같은 권고는 그들과 관련성이 없지만, 아마도 그 권고에는 다음과 같은 적절한 함의가 있었을 것이다.

• 하나님의 아들 예수는 예루살렘의 멸망을 알았고 예언했다.
• 예수는 예루살렘과 유대에 있는 유대 기독교인들에게 어떤 징조(멸망의 가증한 것, 13:14)가 나타나면 피하라고 미리 경고함으로써 그들이 다가오는 예루살렘의 멸망을 (펠라[Pella]로 도망함

참고. Evans, *Mark 8:27-16:20*, 303.

으로?) 모면할 수 있게 하였다.

- 예수는 유대에 있는 유대 기독교인들에게, 그가 그들에게 성령을 주실 것이라 약속하셨고, 그는 마가복음의 독자들이 핍박받고 재판받을 때도 그들에게 동일하게 행하실 것이다(13:11).
- 예수는 유대에 있는 그의 제자들과 추종자들이 고난받을 것과 그러한 고난이 장차 그를 따를 모든 이를 기다리고 있다고 예언하셨으므로, 마가복음의 독자들도 그와 유사한 시련과 환난을 겪을 각오를 해야 한다(참고. 13:7-12; 8:34-38).

마가복음 13장을 해석할 때 우리는 이 장에 세 개의 다른 정황이 혼재되어 있음을 기억해야만 한다. 첫 번째는 자신의 제자들을 향한 역사적 예수의 가르침과 관계되며, 두 번째는 예수의 죽음과 부활 이후 복음서들이 집필되기까지의 초기 교회의 상황과 관계되며, 세 번째는 복음서 저자인 마가가 복음서를 썼던 상황과 관계되는데, 그는 그 상황 안에서 그리고 그 상황을 위해서 복음서를 기록했다. 복음서 저자는 그의 복음서에 포함된 예수 전승들을 급진적으로 창안해낸 이가 아니다. 그는 그것들을 무로부터 새로이 창조해내지 않았다. 그는 소설 작품을 쓰지 않았다. 오히려 그는 역사적 이야기라고 정의하는 것이 가장 좋을 작품을 썼다. 그러므로 소설가들이 그들 마음대로 할 수 있다는 의미에서 그들 작품의 마스터라는 것과 같은 의미로 복음서 저자가 그의 작품의 마스터일 수 없다. 반대로 그는 첫 번째 삶의 정황 속의 역사적 나사렛 예수의 가르침에 의해 제한되며, 또한 두 번째 삶의 정황 속에서 이어져 내려온, 그와 그의 독자들이 모두 잘 알고 있었을 예수 전승들 때문에 제한되었다. 목격자(막 15:21)의 두 아들이 그의 독자 중에 포함되어 있었다는 사실은 작가로서의 복음서 저자의 자유를 한층 더 제약한다. 마지막으로, 마가가 자신이 전하는 예수 전승들을 신성한 전승들로 여겼다는 점을 주목해야만 한다: "천지는 없어지겠으나 [예수의] 말은 없어지지 아니하리라"(13:31).

필자는 마가를 예수 전승의 보수적 편집자로 이해하는 것이 가장 적절하다고 믿는다. 해석자들은, 마가복음 13:14-23에서 발견되는 자료들이 유대 기독교인들, 즉 때가 이르러 멸망의 가증한 것이라는 징조를 보게 되면 닥쳐올 예루살렘의 멸망과 그에 수반될 고통과 참사를 피하고자 예루살렘과 유대를 피해야 했던 이들에게 예수가 하신 말씀임을 기억함으로써, 마가복음에 담긴 자료에 대한 많은 오해를 피할 수 있을 것이다. 마가복음 13:14-23을, 예수가 그의 원제자들을 향해서 하셨던 말씀의 기록이 아니라 전적으로 마가가 그의 독자에게 하는 말로 이해하는 일종의 "거울 독법"(mirror reading)으로 읽는 것은, 이 구절들에 있는 권고들이 마가의 독자들에게는 아무런 의미가 없었을 것이라는 사실을 간과하는 것이다. 그들은 유대에 살고 있지 않았던 이방인 그리스도인들이었다.[13] 그러므로 다가오는 성전과 예루살렘의 멸망을 피하라는 13:14의 권고는, 예수의 말씀을 듣고 있던 원제자들에게는 의미가 잘 통했겠지만, 마가의 독자에게는 직접적인 연관성이 없었을 것이다.

13:5-23에서 만나게 되는, 다른 좀 더 세부적인 석의적 논점들

---

13 마가복음의 독자에 관한 논의는 위 54-56을 보라.

은 다음과 같다. "내 이름으로 와서"(13:6)와 "끝까지 견디는"(13:13)의 의미는 무엇인가? "멸망의 가증한 것"이 지시하는 것은 무엇인가? 13:14에 나오는 멸망의 가증한 것의 출현이 13:4에서 언급된 "징조"인가? "하나님께서 창조하신 시초부터 지금까지 이런 환난이 없었고 후에도 없으리라"(13:19)는 표현은 문자적으로 해석해야 하는가? 이 표현이 성경의 다른 곳에서도 사용되었는가? 만약 그렇다면, 여기서 이 표현은 앞으로 다가올 기원후 70년의 "대참사"의 공포를 강조하기 위해 과장된 언어를 사용한 것인가?

13:24-27과 관련하여, 이 표현은 문자적으로 이해해야 하는가, 아니면 상징적으로 이해해야 하는가? 이러한 우주적 표현이 성경 다른 곳에서도 발견되는가? 만약 그렇다면, 그것은 어떤 식으로 사용되었는가? 이 구절들에 나오는 인자의 재림이 성경의 다른 곳에서도 언급되었는가? 하늘로부터 인자가 도래한다는 것이 마가복음이 쓰였던 당시의 기독교인들에게 익숙한 가르침이었는가? 만약 그렇다면, 마가복음의 독자들은 어떻게 이 단락을 해석하려 했을까? 13:24의 "그때에, 그 환난 후"라는 시간적 순서는 어떻게 이해해야 하는가? "그때에"라는 표현은 전문 용어였는가?

13:28-31에서 마가는 무화과나무가 잎사귀를 내는 것을 예루살렘의 멸망의 때를 가리키는 것으로 이해했는가, 아니면 인자의 재림을 지시하는 것으로 이해했는가? 13:29a의 "이런 일들"과 13:30의 "이 모든 일"은 13:4에서 같은 두 표현이 사용된 것에 비추어 해석되어야 하는가? 예수가 강조하신 "진실로…이 세대가 지나가기 전에 이 일이 다 일어나리라"는 어떻게 해석해야 하는가?

13:32-37에 관련하여, 아들인 예수는 정말로 자신이 인자가 다시 올 그날을 모른다는 것을 뜻했는가? 이것이 가진 신학적 함의는 무엇인가? 마지막으로, 마가는 13:33-37에서 예수가 베드로, 야고보, 요한, 안드레에게 하신 "깨어 있으라"는 권고를 그의 독자들이 자신들을 향한 권고로 해석하길 원했는가?

이후의 장들에서 우리는 마가복음 13:1-37을 통해 마가가 의도한 의미를 이해하기 위한 우리의 시도로서 이러한 질문들과 또 다른 질문들을 다루게 될 것이다. 우리는 다음의 문장을 완성하려 애쓸 것이다: "나 (저자인) 마가는 마가복음 13:1-37을 썼는데, 왜냐하면…." 우리는 다음의 개요를 사용하여 그 작업을 할 것이다.

13:1-4: 성전(과 예루살렘)의 멸망에 대한 예수의 예언

13:5-23: 다가오는 성전(과 예루살렘)의 멸망과 그에 앞선 징조

13:24-27: 인자의 재림

13:28-31: 무화과나무 비유와 다가오는 성전(과 예루살렘)의 멸망

13:32-37: 파수꾼 비유와 인자의 재림에 대비하여 깨어 있으라는 권고

3

예수가 성전(과 예루살렘)의
멸망을 예언함

마가복음 13:1-4

본문과 도입부

1예수께서 성전에서 나가실 때에, 제자 중 하나가 이르되 "선생님이여, 보소서, 이 돌들이 어떠하며 이 건물들이 어떠하나이까!" 2예수께서 이르시되 "네가 이 큰 건물들을 보느냐?¹ 돌 하나도 돌 위에 남지 않고 다 무너뜨려지리라." 3예수께서 감람산에서 성전을 마주 대하여 앉으셨을 때에 베드로와 야고보와 요한과 안드레가 조용히 묻되 4"우리에게 이르소서, 어느 때에 [이런 일들이]² 있겠사오며 이 모든 일이 이루어지려 할 때

---

1   이 문장은 질책이라기보다는 수사적 질문이라고 해석하는 것이 가장 적절하다: "네가 이 큰 건물들에 놀라느냐?" Robert H. Gundry, *Mark: A Commentary on His Apology for the Cross* (Grand Rapids: Eerdmans, 1993), 735-36과 R. T. France, *The Gospel of Mark*, NIGTC (Grand Rapids: Eerdmans, 2002), 496에 반대함.

2   NRSV는 *tauta*를 "this"로 번역하지만, 이후 같은 문장에서 *tauta...panta*를 "all these things"라고 번역한 것과 상응하도록 여기서도 "these things"라고 번역하는 것이 더 낫다. NRSV는 13:29-30에 나오는 *tauta*와 *tauta...panta*를 "these

에 무슨 징조가 있사오리이까?"

그의 복음서 11장과 12장에서 마가는 예루살렘과 성전에서의 예수의 활동 및 가르침을 묘사한다. 요한복음은 예수가 그의 사역 동안 여러 번에 걸쳐 예루살렘을 방문하셨음을 언급한 반면(2:13-4:45; 5:1-47; 7:1-10:40; 12:12-20:31), 마가는 단 한 번만을 언급한다(11:1-16:8). 이것은 마가가 그의 복음서 전체를 세 개의 지리적 단락으로 배열했기 때문이다: 예수의 갈릴리 사역(1:1-8:21),[3] 그의 예루살렘으로의 여정(8:22-10:52), 그의 예루살렘 사역(11:1-16:8). 그 결과 예수 전승 중 갈릴리와 관련된 지명과 관계된 것들은 마가에 의해 1:1-8:21에 배치되었고,[4] 예수의 예루살렘을 향한 여정 안에 있는 지리적 장소와 관계된 전승들은 8:22-10:52에 배치되었다.[5] 따라서 예루살

---

things"와 "all these things"로 옳게 번역한다.

3 막 8:22로부터 새 단락이 시작되는 것으로 보는 것이 최적이다. 이렇게 함으로써 1:14-8:21을 구성하는 세 개의 소단락(1:14-3:6; 3:7-6:6a; 6:6b-8:21)이 요약으로 시작하여(1:14-15; 3:7-12; 6:6b) 제자들을 부르거나 보내는 장면으로 이어지고(1:16-20; 3:13-19; 6:7-13), 예수가 직면한 불신앙에 대한 언급으로 마무리 짓는다(3:6; 6:1-6a; 8:14-21).

4 갈릴리 바다(1:16; 2:13; 3:7; 4:1, 35; 5:1, 21; 6:32-34; 7:31; 8:10); 가버나움(1:21; 2:1); 거라사(5:1, 이 지명의 정확한 그리스어 독법이 무엇인지는 확실치 않다); 나사렛(6:1); 갈릴리의 통치자, 헤롯 왕(6:14); 벳새다(6:45); 게네사렛(6:53); 두로와 시돈(7:24, 31); 데가볼리(7:31); 달마누다(8:10, 이 지명의 정확한 그리스어 독법이 무엇인지는 확실치 않다).

5 가이사랴 빌립보(8:27); 갈릴리 가운데로 지남(9:30); 가버나움(9:33); 유대(10:1); 요단강 동편(10:1); 예루살렘으로 올라가는 길(10:32); 여리고(10:46). 참고로 벳새다(8:22) 역시 출발 지점으로 언급되었다.

렘과 유대에서의 예수의 사역과 관계된 전승들은 11:1-16:8에 배치
되어야 했다.[6]

마가복음에 기재된 다양한 지명들 모두가, 마가가 사용할 수 있었
던 마가 이전의 예수 전승들과 연결되어 있지는 않았을 것이다. 그
중 어떤 것들, 특히 마가의 손길을 보여주는 것들은, 이러한 자료를
마가가 편집한 결과였을 것이다.[7] 그러나 그것들을 첨가할 때 마가가
아무런 근거도 없이 지명을 만들어낸 것이라기보다는 예수의 생애
에 대한 폭넓은 이해를 바탕으로 그렇게 했으리라고 보는 것이 타당
하다. 마가복음에 나타나는 갈릴리와 유대에 대한 지리적 정보는 아
주 정확하며, 그 정확성에 대한 반론들은 대개 마가의 방법론에 대한
무지에 기인한다.[8] 마가는 그가 세운 지리적 계획으로 인해 그가 가진

---

6 예루살렘(11:1, 11, 15, 27); 벳바게(11:1); 베다니(11:1, 11-12; 14:3); 감람산(11:1;
   13:3); 성전(11:11, 15, 27; 12:35, 41; 13:1, 3); 겟세마네(14:32); 오직 예루살렘에서
   만 먹게 되어 있는 유월절 만찬(14:1, 12); 예수가 대제사장과 종교 지도자들 앞에서
   재판받음(14:43, 53; 15:1); 브라이도리온 혹은 총독 사령부(15:16); 골고다(15:22).

7 특히 다음의 요약들(1:39; 3:7-12; 6:53; 9:30-32; 10:32-34)과 이음매들("seams"
   1:14, 16, 21; 2:1, 13; 5:1, 21; 6:1; 7:24, 31; 8:22, 27; 9:33; 10:1, 46; 11:1, 12, 15,
   27; 12:35; 13:1, 3; 14:1, 3, 12, 32, 53; 15:16)을 보라.

8 소위 마가의 지리적 착오라 주장되는 것 중 하나가 7:31에 나온다. 이 구절에서
   마가는 예수가 두로 지방에서 나와 "시돈을 지나 데가볼리 지방에 있는 갈릴리 호
   수를 향하여" 이동했다고 말한다. 이 지역들을 지도에서 찾아보면, 마치 포틀랜드
   를 떠나 시애틀과 그레이트 플레인스를 지나 덴버로 오는 것과 같다. Joel Marcus,
   Mark 1-8: A New Translation with Introduction and Commentary, AYB (New
   Haven, CT: Yale University Press, 2002), 472를 보라. 하지만 여정을 기록하는
   데 있어 마가는 먼저 출발 지점(두로)을 기재하고, 바로 다음에 여행 목적지(갈릴리
   바다)를 "~을 향하여"(*eis*)란 말로 표시한 후, 여정이 시돈과 데가볼리를 "거쳤다"
   고 말한다. 마가가 지리적인 오류를 범했다는 같은 유의 주장이 10:1에 대해서도 제
   기되는데, 이 구절은 "그가 거기서[가버나움, 9:33] 떠나 유대 지경으로 가시니, 요

자료 중 어떤 것들을 배치하는 데 있어 분명 제한을 받았다. 그가 마주한 다른 제약들은 연대기적인 것(재판, 죽음, 부활은 복음서 맨 마지막에 와야만 했다)과 유사한 자료들을 함께 배치하려는 바람에서 비롯되었다(1:21-45 치유 이야기들; 2:1-3:6 논쟁 이야기들; 4:1-34 비유들; 4:35-5:43 자연과 귀신과 질병과 죽음을 다스리시는 예수의 주권). 11:27-33과 12:13-37에 나오는 모든 논쟁 이야기가[9] 잇달아 그 순서대로 일어났는지, 혹은 13:5-37에 나오는 모든 가르침이 잇달아 있었는지, 혹은 그 가르침들이 마가에게 하나의 단일체로 전해졌는지 아닌지는 확실치 않다. 다행히도 이러한 논점들은 우리가 현재의 마가복음 13장 본문의 의미를 이해하는 데 있어 그리 중요하지 않다.

11장과 12장의 예루살렘 기사들에서 마가는 예수가 맞닥뜨린 적의와 불신앙의 어두운 형세를 묘사한다. 그에 앞선 예언자들과 같이 예수도 종교 지도자들의 적의를 경험한다.[10] 이 두 장에 들어 있는 자

단강 건너편으로"라고 말한다. 다시 한번 우리는 마가가 먼저 출발 지점("거기서")을 기재하고, 다음으로 목적지(유대 지경)를 "~으로"(eis)로 표시한 후, 요단강 동편을 거쳤음을 기록하고 있음에 주목해야 한다(이것이 사마리아를 통과하는 것을 피하고자 갈릴리에서 유대로 가거나 그 반대로 이동하는 유대인들이 자주 택했던 경로다). 마지막 예가 11:1에서 발견되는데, 거기에 보면 예수와 제자들이 "예루살렘에 가까이 와서[eis] 감람산 부근 벳바게와 베다니에 이르렀"다고 되어 있다. 여기서도 마가가 예루살렘을 먼저 언급한 것이 그곳이 처음 당도할 곳이어서가 아니라, 여정의 최종 목적지이기 때문임을 알아차리면, 그가 오류를 범했다는 주장은 근거가 없어진다. 이에 대한 추가적 논의는 Robert H. Stein, *Mark*, BECNT (Grand Rapids: Baker Academic, 2008), 357-59, 454, 503을 보라.

9 12:34a에 나오는 서기관에 대한 예수의 긍정적 반응에 비추어 볼 때, 12:28-34은 "선언 이야기"의 하나로 보는 것이 더 나을 수도 있다.

10 마태가 마 23:29-39을 막 13:1-37에 포함된 자료가 들어간 마 24:1-44 직전에 배

료들은 이스라엘, 특히 그 종교 지도자들이 하나님을 위한 열매를 맺
어야 할 그들의 소명을 이루는 데 실패했음을 보여준다. 이것은 대
제사장들과 서기관들에 의해 "강도의 소굴"이 되어 버린 성전(11:17-
18)을 예수가 "정화"하는 사건(11:15-19)에서 분명해진다. 마가는 그
의 독자들이 환전상들의 상과 제물로 쓸 비둘기를 파는 자들의 의자
를 엎은 예수의 행위가 일차적으로 정화와 개혁이 아니라 심판의 행
위였음을 이해하길 원한다. 그는 무화과나무를 저주한 이야기를 두
부분으로 나누고(11:12-14과 11:20-25) 상인들의 상을 뒤엎는 예수의
행위를 그사이에 둠으로써(11:15-19) 이를 나타낸다. 이 "마가의 샌
드위치" 기법은 복음서 저자가 그의 독자들이 성전에서의 예수의 행
동을 그가 무화과나무를 저주한 사건과 유사한 것으로 해석하길 원
함을 보여준다. 열매를 구했으나 잎사귀 외에 아무것도 찾을 수 없자,
예수는 그 나무를 심판했고 저주했다. 성전 안에서 열매를 구했으나
(11:11과 11:15 참고) 열매 맺지 못하는 예배, 그 속에서 더 중한 공의
와 자비와 믿음을 찾을 수 없는(참고. 마 23:23-24; 미 6:8), 마른 잎사
귀 같은 예배 외에는 아무것도 찾을 수 없자, 그는 성전을 심판했다.
그 심판은 13:1-37에 묘사되어 있다.[11]

치함으로써 어떻게 그의 독자들을 이에 대해 준비시키는지 주목하라.

11 Jacob Chanikuzhy는 *Jesus, the Eschatological Temple: An Exegetical Study of
Jn 2,13-22 in the Light of the Pre-70 C.E. Eschatological Temple Hopes and
the Synoptic Temple Action*, CBET (Leuven: Peeters, 2012), 183에서 "복음서 저
자들이 성전에서의 행위와 예수의 죽음을 관련시킨다는 사실과 [이것이] 예수의 성
전에서의 행위가 매우 공격적이어서 그의 운명을 결정지을 만큼 심각했음을 보여
준다고 지적한다. 메시아적 주장이나 예언자적 회개의 요구는 직접 예수의 죽음을

마가복음 4장 이외의 장에서 발견되는 유일한 긴 비유인 12:1-
12에서 우리는 같은 심판의 메시지를 보게 된다. 이 비유와 이사야
5:1-7의 포도원 비유[12] 간의 다양한 유사점은 예수의 청중과 마가의
청중이 몇몇 세부 사항에서 풍유적 의미를 찾도록 했을 것이다. 포
도원은 이스라엘("만군의 여호와의 포도원은 이스라엘 족속이요", 사 5:7)
과 하나님의 선택받은 백성이라는 이스라엘의 특권적 지위를 대표하
는 것으로 이해되었을 것이다. 포도원의 주인은 "만군의 여호와"(사
5:7)다. 또한 마가복음의 독자들은 12:1-2의 다음과 같은 세부 사항
에서 풍유적 의미를 찾았을 것이다: 농부들은 이스라엘의 지도자들
을 나타내고, 능욕 받고 학대받고 맞고 죽임당한 종들은 예언자들을,
그 아들은 하나님의 아들 예수를, 그 아들의 죽음은 예수가 십자가에
달림을, 농부들의 진멸은 다가올 성전과 예루살렘의 멸망을, 다른 사
람들에게 포도원이 넘겨지는 것은 예수를 믿는 이스라엘의 남은 자
들과 그리스도인 이방인들로 구성된 새로운 하나님의 백성이 창조되
는 것을 나타낸다.[13] 마가복음의 이 포도원 비유는 11:11-19에 나오

초래하지 않았을 것이고, 이는 예수의 성전에서의 행위가 종말에 성전이 멸망할 것
을 상징적으로 재현했음을 암시한다.

12 예수 당시 유대인들 사이에서 가장 인기 있었던 구약의 책 세 권은 신명기와 시편,
이사야서였고, 공교롭게도 이것들이 신약에서 가장 많이 인용된 구약의 책들이다.

13 몇몇 학자는 이 비유에서 이스라엘이 하나님의 백성이 된 이방인들에 의해 대체되
는 것으로 묘사된다는 견해를 반박한다. Craig A. Evans, *Mark 8:27-16:20*, WBC
(Nashville: Nelson, 2001), 237과 France, *Mark*, 462n17을 보라. 여기서 France
는 비유에 등장하는 농부들이 일반 유대인들이 아니라 이스라엘의 지도층을 상징
한다고 주장한다. 하지만 알려진 바 이 비유의 최초 해석자 중 하나인 마태는 새로
운 농부들을 이방인들이라고 이해하는데, 이는 *그가* 이 비유 마지막에 "그러므로

는 예수의 성전 정화 사건에서 발견되는 것과 유사한 견해를 그려내
고 있다. 주인이 포도원 농부들에게서 열매를 구하나, 그가 마땅히 받
아야 할 열매는커녕 그가 보낸 사신들이 모욕당하고 구타당하며 죽
임 받는다. 그 결과 그가 와서 농부들을 심판하고 포도원을 다른 이
들에게 넘겨줄 것이다(12:9). 또한 이 비유는 마가의 독자들이 13장
에 나올 성전과 예루살렘의 멸망에 대한 예수의 예언을 듣도록 준비
시킨다. 그의 비유에 대해 예수가 대제사장들과 서기관들과 장로들
로부터(11:27, 12:1의 "그들"의 선행사) 받는 반응은(12:12) 마가복음의
다른 곳에서 발견되는 반응과 유사하다. 종교 지도자들은 그를 죽이
려고 하나(참고. 3:6; 14:1), 사람들은 그의 말을 즐겁게 듣는다(12:37).
이것이 종교 지도자들이 그들의 계획을 수행하는 데 주된 장애물이
된다(12:12; 참고. 11:18; 14:1-2). 마가복음 13장 앞에 오는 이 두 장에
서 복음서 저자는 성전과 예루살렘에 닥칠 하나님의 심판 이유를 보
여준다. 그가 복음서를 쓸 때 그 심판은 이미 성취되고 있었다.

  마가복음 13장의 이 단락은 장면 전환(13:1a)과 성전의 위용에
대한 제자 중 하나의 감탄(13:1b), 성전의 멸망에 대한 예수의 예언

내가 너희에게 이르노니 하나님의 나라를 너희는 빼앗기고 그 나라의 열매 맺는 백
성이 받으리라"(마 21:43)는 구절을 첨가한 것에서 나타난다. 이 주제에 관한 논
란 대부분은 예수가 이 비유로 말하고자 했던 바와 이후의 복음서 저자들이 이해하
고 가르치고자 했던 바 간의 차이점과 관련된다. 우리는 지금 마가가 주로 이방인으
로 구성된 그의 독자들에게 이 비유를 통해 전달하고자 의도했던 바를 논의하고 있
음을 기억해야만 한다. 그가 이 비유를 행 13:44-47; 롬 9:11-16; 10:19; 벧전 2:9-
10(참고. 마 22:8-10)에 나오는 것과 같은 가르침에 비추어 해석했을 가능성이 충
분히 있다.

(13:2)에 이어 또 하나의 전환 구절이 나온 후(13:3), 이 일이 언제 일
어나는지와 그 일이 이루어지기에 앞서 나타날 징조가 무엇인지에
관해 설명을 구하는 제자들의 두 부분으로 이루어진 질문(13:4)으로
구성되어 있다.

마가복음 13:1:
예수가 성전을 떠나고, 제자들이 성전의 위용에 대해 언급하다

이 장의 첫 구절은 지리적 배경이 성전에서 감람산으로(13:3) 바뀐 것
을 표시한다. 마가는 13:1-37과 11-12장에서 묘사된, 예수가 완수
한 성전에서의 사역을 속격 독립 구문인 "예수께서 성전에서 나가실
때에"로 연결짓는다.[14] 예수가 복음서의 주인공이므로 마가는 제자들
이 아닌(12:43) 그에게 주의를 집중시키는데, 이는 이 복음서가 "하
나님의 아들, 예수 그리스도"(1:1)에 관한 것이기 때문이다.[15] 그러한
여정은 성전을 떠나 예루살렘 동편 벽에 나 있는 금문(Golden Gate)

---

14 마가가 도입부의 이음매에서 사용한 속격 독립 구문들은 1:32; 4:35; 5:2, 21; 6:2, 54;
　　8:1; 9:9; 10:17, 46; 11:12, 27; 14:3(2번), 17, 22, 43; 15:33; 16:1에서 발견된다.

15 마가복음 5:2-6:1a에서 예수와 함께 있던(5:1; 6:1b) 제자들은 5:31, 37, 40에서만
　　언급된 반면, 초점이 얼마나 예수에게 전적으로 맞추어져 있는지에 주목하라: "그",
　　"그를", "그의"(5:2, 8, 9[2번], 10[2번], 12, 13, 17, 18[3번], 19[2번], 21[2번], 22[2
　　번], 23, 24[3번], 27, 28, 30[4번], 31, 32, 33[2번], 34, 35, 36, 37[2번], 38, 39,
　　40[3번], 41[2번], 43[2번]; 6:1[2번]); "예수"(5:6, 7, 15, 20, 21, 27, 30, 36); "지극
　　히 높으신 하나님의 아들"(5:7); "주"(5:19, 참고. 5:20); "당신", "당신의"(5:23[2번],
　　31[2번]); "선생"(5:35); "나"(5:41); "나의", "내게"(5:30, 31).

을 통해 예루살렘 밖으로 나가 기드론 계곡을 따라 내려와 감람산으
로 오르는 것을 포함했을 것이다. 하지만 마가는 이 행로를 묘사하
는 데에는 관심이 없었고, 다만 이제 예수가 성전을 떠나 그곳에서
의 사명을 마치고(11:1-12:44) 감람산으로 나아가신 것만 기록한다.
이렇게 성전을 떠나신 것이 예수가 성전을 심판에 넘겨주는 행위라
고 상징적으로 해석할 만한 단서가 마가복음에는 없다. 11장과 12장
에 나오는 예수의 다양한 행위와 가르침, 특히 성전 정화와 무화과나
무를 저주함으로 그것을 해석한 것(11:12-25), 그리고 악한 농부들의
비유(12:1-12)가 예수가 성전을 심판에 넘겨 주었음을 가르쳐준다.
하지만 예수가 성전을 떠났다는 13:1의 진술이 아니라 13:2, 5-23,
28-31에 나오는 예수의 가르침이야말로 성전과 예루살렘이 하나님
께 심판받아 멸망을 기다리고 있음을 가르쳐준다. 예수는 11:11, 19
에서 여러 번 성전을 떠났다. 만약 마가가 13:1에서 예수가 성전을 떠
나는 일에 신학적 의미를 부여하길 원했더라면 "예수께서 마지막으
로 성전에서 나가실 때에"라고 썼든지 아니면 마태복음 23:37-39/
누가복음 13:31-35과 같은 구절을 덧붙였을 것이다.

　마가는 예수께서 성전을 나가실 때, 그 제자 중 하나가 성전의 위
용에 대해 내뱉은 감탄을 기록한다: "선생님, 보십시오. 얼마나 꿩
장한 돌들입니까! 얼마나 꿩장한 건물들입니까!"이 감탄은 당시의
불가사의 중 하나였던 이 웅장한 모습을 처음 보고 그 위엄에 눌려
내뱉는 여행객의 감탄사에 견주어서는 안 된다. 제자들은 예루살렘
에 입성한 이래 예루살렘과 베다니를 오가며(11:1, 12, 19, 20, 27) 매
일 같이 성전을 보았을 것이다. 더욱이 율법을 지키는 유대인들인 그

들은 예루살렘에서 수많은 유월절을 지켜왔을 것이다. 그러한 감탄은 아무리 자주 성전을 보았을지라도 아주 자연스러운 것이었을 것이다. 성전 서벽을 건축하고 서쪽으로 난 뜰을 확장하는 데 사용된 어떤 돌들은 줄잡아 말해도 엄청난 것들이었다. 요세푸스는 성전 복합체에 사용된 어떤 돌들이 그 크기가 45×5×6큐빗(67×7×9피트)이고, 어떤 돌들은 25×8×12큐빗(37×12×18피트)에 이르렀다고 말한다.[16] 1990년대에 고고학 발굴 작업이 성전의 하부 구조에서 진행되었는데, 그것을 통해 크기가 42×14×11피트에 달하고 무게가 대략 600톤에 이르며 서쪽 하부 구조의 이층을 지지하는 거대한 돌이 발견되었다.[17] 길이가 40피트와 25피트에 달하는 두 개의 다른 돌들도 발견되었다. 헤롯 성전의 위용과 아름다움은 전 세계에 알려졌고 세계 7대 불가사의 중 몇몇을 상대적으로 미약하게 만들었다.[18]

---

16 *J.W.* 5.224; *Ant.* 15.392을 보라.

17 Dan Bahat, "Jerusalem Down Under: Tunneling Along Herod's Temple Mount Wall," *BAR* 21, no. 6 (1995): 30-47.

18 참고. *b. Sukkah* 51b: "우리의 스승들이 가르치시길…예루살렘의 그 찬란함을 보지 못한 사람은 그 생전에 아직 한 번도 멋있는 성을 보지 못한 것이다. 완공된 성전을 보지 못한 사람은 그 생전에 아직 한 번도 영광스러운 건물을 보지 못한 것이다." Josephus, *Ant.* 15.396; *J.W.* 5.222-23 역시 참고하라. 타키투스(Tacitus)는 *Fragments of the Histories* 2에서 예루살렘 성전을 "거대한 신전…인간이 만든 다른 어떤 것보다 유명한 거룩한 성전"이라고 묘사한다. 하지만 이 단편 및 다른 단편들의 역사적 신빙성에 관하여 T. D. Barnes는 "The Fragments of Tacitus' *Histories*," *Classical Philology* 72 (1977): 224-31에서 중요한 문제들을 제기하고 이 자료들을 신중히 사용할 것을 권한다. 그럼에도 불구하고 George R. Beasley-Murray는 *Jesus and the Last Days: The Interpretation of the Olivet Discourse* (Peabody, MA: Hendrickson, 1993), 383에서 "예루살렘의 성전 복합체는 아마도 고대 세계에서 가장 경이로운 건물이었을 것이다"라고 지적한다.

마가복음 13:2:
예수가 성전의 멸망을 예언하다

성전 건축에 사용된 거대한 돌들과 성전이 세워진 산은 영속성과 난 공불락이라는 인상을 주었다. 그러므로 예수의 반응은 예기치 않은 것일 뿐 아니라 믿기 힘든 것이었을 것이다. 비록 성전의 멸망만 언급되고 예루살렘의 멸망은 언급되지 않았지만, 예루살렘 성의 멸망이 성전의 멸망에 수반될 것을 전제하고 있음이 분명하다. 적이 누구든 간에 그들이 유대교의 가장 신성한 건물을 파괴하도록 유대와 예루살렘에 사는 유대인들이 내버려 둘 리 없다. 그들은 성전을 지키기 위해 죽기까지 싸웠을 것이고, 어떤 적이든 성전에 이르기 전에 먼저 예루살렘의 튼튼한 요새를 파괴하고 그 거대한 성벽과 망루, 열렬한 시민들을 제압해야만 했을 것이다. 구약의 예언들은 종종 예루살렘과 성전의 멸망을 결합한다.

> 이러므로 너희로 말미암아
> 시온은 갈아엎은 밭이 되고
> 예루살렘은 무더기가 되고
> 성전의 산은 수풀의 높은 곳이 되리라(미 3:12; 참고. 렘 26:17-18).

> 여호와께서 또 자기 제단을 버리시며
> 자기 성소를 미워하시며
> 궁전의 성벽들을 원수의 손에 넘기셨으매…

여호와께서 딸 시온의 성벽을 헐기로 결심하시고…

성벽과 성곽으로 통곡하게 하셨으매

그들이 함께 쇠하였도다.

성문이 땅에 묻히며

빗장이 부서져 파괴되고(애 2:7-9; 또한 렘 7:13-20 참고).[19]

　　13:2에서 예수가 언급한 예언의 진정성은 마가복음 및 다른 복음서들에 기록된 성전 멸망에 관한 예수의 다른 예언들 때문에 지지된다. 그가 재판받을 때 이런 증언이 제기된다: "우리가 그의 말을 들으니 '손으로 지은 이 성전을 내가 헐고 손으로 짓지 아니한 다른 성전을 사흘 동안에 지으리라' 하더라"(막 14:58). 또 그가 십자가에 못 박혔을 때 군중들로부터 이런 조롱이 들려왔다: "아하! 성전을 헐고 사흘에 짓는다는 자여"(막 15:29). 또한 우리는 요한복음 2:19에서 예수를 적대하는 이들이 표적을 요구할 때 "예수께서 대답하여 이르시되, '너희가 이 성전을 헐라. 내가 사흘 동안에 일으키리라'"고 하신 것을 본다. 복음서 밖에서도 예수가 이런 말씀을 하셨음을 언급하는 구절을 발견할 수 있다. 스데반을 고발하는 중에 장로들과 율법 교사들은 이렇게 이야기한다: "그[스데반]의 말에 이 나사렛 예수가 이 곳을 헐고 또 모세가 우리에게 전하여 준 규례를 고치겠다 함을 우리가 들었노라"(행 6:14). 예수가 예루살렘과 성전의 멸망을 예언한

---

19 또한 왕하 25:9; 대하 36:19; 렘 26:6, 9; 단 9:26; 11:31; 마카베오하 14:33; 토비트 14:4; 「에녹1서」 90:28을 참고하라.

다른 예언들이 마태복음 23:38/누가복음 13:35("보라, 너희 집이 황폐
하여 버려진 바 되리라")과 누가복음 19:43-44에서 발견된다("날이 이를
지라. 네 원수들이 토둔을 쌓고 너를 둘러 사면으로 가두고 또 너와 및 그 가
운데 있는 네 자식들을 땅에 메어치며 돌 하나도 돌 위에 남기지 아니하리니
이는 네가 보살핌 받는 날을 알지 못함을 인함이니라"). 이러한 예언자적 선
언들과 성전 "정화"라는 예수의 상징적 행위로부터 분명해지는 점은,
마가가 13:2에 기록한 성전과 예루살렘의 멸망에 관한 예수의 예언
이 새롭게 만들어낸 말이 아니라 "성전과 그 도시에 대한 묵시적 예
언이 예수에 기인한다고 생각한 일련의 전승"에 기초한다는 점이다.[20]

　　예수 당시에 성전과 예루살렘의 멸망을 예언한 다른 예언들이 있
었다는 점은 예수 역시 그렇게 예언했음을 더욱 신뢰할 수 있게 한다.
그 중 가장 유명한 것 하나는 아나니아(Ananias)의 아들 예수라는 이
의 예언인데, 그는 다가올 멸망을 로마와의 전쟁 직전에 예언했다. 요
세푸스는 아래와 같이 우리에게 이야기해준다.

　　전쟁이 있기 사 년 전에…아나니아의 아들 예수라는 이가…성전에 서서
　　불현듯 외치기 시작했다.

　　동쪽으로부터 오는 소리,
　　서쪽으로부터 오는 소리,

---

20 John R. Donahue, *Are You the Christ? The Trial Narrative in the Gospel of
Mark*, SBLDS 10 (Missoula, MT: Society of Biblical Literature, 1973), 108.

사방으로부터 오는 소리,

예루살렘과 그 성소를 거스르는 소리,

신랑과 신부를 거스르는 소리,

사람들을 거스르는 소리!(*J. W.* 6.301; 또한 306, 309도 참고)

중간기 문헌과 요세푸스, 랍비 문학[21] 속에 등장하는 수많은 다른 예언의 존재는, 이 다른 예언들이 사후에 만들어진 예언이 아닌 것처럼 예루살렘과 그 성전의 멸망에 대한 예수의 예언도 사후에 만들어진 예언이 아님을 가리킨다.

마가는 13:2에 담긴 예수의 예언을 단순히 로마가 중동을 완전히 지배하려는 가운데 초래된 불운한 결과로 이해하지 않았다. 그것은 단순히 로마의 지배와 그로부터 예측할 수 있는 결말로부터 독립하려는 유대인들의 어리석은 시도의 결과가 아니었다. 그와는 반대로 마가는 신학자로서 집필하며, 이 대참사의 신적이며 궁극적인 원인에 대해 말한다. 기원전 587년의 예루살렘과 성전의 멸망이 직접적인 원인과 궁극적인 원인 둘 다에 얽혀 있는 것과 마찬가지로, 기원후 70년 그것들의 멸망 역시 그러하다. 기원전 587년에는 직접적인 원인이 바벨론과 느부갓네살이었고, 기원후 70년에는 로마와 티투스였다. 두 경우 모두 궁극적인 원인은 같다. 하나님이 죄 때문에 그 민

---

21 이러한 예언들의 목록과 그 내용은 Evans, *Mark 8:27-16:20*, 296-97을 보라. 좀 더 상세한 논의는 Craig A. Evans, "Predictions of the Destruction of the Herodian Temple in the Pseudepigrapha, Qumran Scrolls, and Related Texts," *Journal for the Study of the Pseudepigrapha* 10 (1992): 89-147을 보라.

족을 심판하신 것이었다. "마가가 이 예언을 이 지점에 위치시킨 것은 필연적으로, 성전의 파멸이 예수가 전한 하나님의 말씀을 거부한 이스라엘에 대해 하나님이 정하신 심판이라는 인상을 굳힌다."[22] 또한 어떤 의미에서는 마가가 예수의 이 예언을 단지 선언적인 성격을 담고 있을 뿐 아니라 원인으로서 작용하는 말씀으로 이해했다고 볼 수 있다. 예수는 예루살렘과 성전의 멸망을 예언할 뿐만 아니라 그것을 불러일으킨다! 이 점은 14:58("우리가 그의 말을 들으니 '손으로 지은 이 성전을 내가[이 강조는 해당 그리스어 본문에서 1인칭 대명사가 가진 강조적 성격을 표시하기 위함이다] 헐고")과 15:29("아하! 너는 성전을 헐고")에서 분명히 볼 수 있다.

예수의 예언에서 돌 하나도 돌 위에 남지 않을 거라는 언급은 어떤 이들에 의해 문자적으로 해석되었다. 이는 어려움을 일으키는데, 예루살렘을 방문하는 사람은 누구나 지금도 예루살렘 성의 서쪽 벽과 동쪽 벽을 이루었던 몇몇 기초석이 겹겹이 놓여 있는 것을 볼 수 있기 때문이다. 따라서 그들은 13:2이 단지 성전의 성소 자체만을 가리키는 것이라 해석해왔다. 하지만 그러한 해석은 예언, 특히 심판의 예언에 과장된 표현과 수사법이 사용된다는 사실을 무시한다.[23] 사무엘하 17:13에서 우리는 "완전한" 멸망을 유사하게 묘사한 구절을 찾을 수 있는데, 그 구절은 "그곳에 [멸망한 도시의] 작은 돌 하나도 보이

---

22 Beasley-Murray, *Jesus and the Last Days*, 353-54; 참고. Larry W. Hurtado, *Mark*, NIBC (Peabody, MA: Hendrickson, 1983), 213.

23 Robert H. Stein, *A Basic Guide to Interpreting the Bible: Playing by the Rules*, 2nd ed. (Grand Rapids: Baker Academic, 2011), 138-47을 보라.

지 아니하게 할 것이니이다"라고 말한다. 이 구절의 70인역은 돌 하
나도 남지 않을 것이라고 번역한다. 학개 2:15의 70인역에는 "돌 하
나가 돌 위에"라는 똑같은 그리스어 표현이 나오는데, 이는 성전의 재
건과 관계된다. 이 모든 것은 마가복음의 표현이 로마인들이 성전과
예루살렘을 "완전히" 파괴할 것을 가리킴을 시사한다. 요세푸스는 티
투스의 명령으로 성전과 예루살렘 성이 조직적으로 파괴되었음을 묘
사한다.

> 카이사르는 성 전체와 성전을 완전히 파괴할 것을 명했다. 다만 가장 높
> 은 망루들과…성 서편을 둘러싸는 성벽 일부만 남기도록 했는데…이는
> 후세에 그 성의 형세와 강력한 방어에도 불구하고 결국 로마의 용맹스러
> 움에 항복하게 되었음을 나타내기 위함이었다. 성을 둘러싼 나머지 모든
> 성벽은 철저히 파괴되어서 장래에 그곳을 찾는 이들이 한때 그곳에 사람
> 들이 살았다고 믿을 만한 아무런 근거도 남겨놓지 않았다.[24]

그 결과는 참담했기에 기원후 71년 감람산에서 예루살렘 성과 폐
허가 된 성전을 바라보는 유대인이라면 누구든 예수의 13:2 예언이
실제로 성취되었음에 동의했을 것이다.

---

24 Josephus, *J.W.* 7.1-4; 또한 *J.W.* 6.352-55, 363-64, 409-13도 보라.

마가복음 13:3-4:
제자들의 두 부분으로 된 질문―마가복음 13장 해석의 열쇠

어떤 학자들은 이 구절들을 이어지는 구절들과 연결하는 쪽을 택하지만,[25] 이 두 구절은 그것이 13:1-2과 결합하여 13:5-37에 나올 예수의 가르침의 도입부를 완성한다고 이해하는 것이 최선이다. 비록 13:1-4에서 마가의 손길이 가장 분명히 드러나는 곳은 13:1a과 13:3a의 이음매들이지만, 본문 거의 전체가 복음서 저자의 문체와 어휘를 드러낸다. 그런데도 13:1c의 감탄과 13:2의 예언, 그리고 13:4에 있는 두 질문과 같은 것들은 아마도 전승으로 전해지는 것들일 것이다. 다행히도 이 단락을 이해해보고자 하는 우리의 과업은 그것이 어떻게 존재하게 되었는지 하는 그 역사(즉 그 전승사)를 재구성하는 일에 달려 있지 않고, 우리가 가진 바 현재의 본문을 정확히 해석하는 데 있다.

마가복음 13:3은 13:1-2을 전제로 하여 이 두 구절을 13:4에 나올 두 질문과 연결하는 전환 구절의 역할을 한다. 이 네 구절은 함께 13:5-37의 도입부 역할을 하며 이어질 예수의 가르침을 이해하는 데 있어 해석의 열쇠가 된다. "베드로, 야고보, 요한, 안드레"라는 언급은 두 가지 면에서 예외적이다. 첫째로 마가복음에서 예수의 측근 제자 그룹을 이루었던 이들은 통상 "베드로, 야고보, 그리고 요한"(5:37;

25 Evans, *Mark 8:27-16:20*, 300-14과 13:3-13을 함께 다루는 James R. Edwards, *The Gospel According to Mark*, PNTC (Grand Rapids: Eerdmans, 2002), 389-95 그리고 13:3-37을 함께 다루는 France, *Mark*, 497-546과 Adela Y. Collins, *Mark: A Commentary*, Hermeneia (Minneapolis: Fortress, 2007), 594, 602을 보라.

9:2; 14:33)이었다. 두 쌍의 형제들은 1:16-18과 1:19-20에서 함께
언급된다(참고. 3:16-20에서도 그들은 열두 제자 중 첫 네 제자로 기명되며
13:3에 나오는 순서와 같은 순서로 열거된다). 여기서 안드레를 언급한 것
과 그들의 이름이 예외적인 순서로 기재된 것은 어쩌면 이 구절이 전
승으로 전해진 것임을 드러내는 것일 수도 있다. 예수가 그 제자들을
"은밀히"(*kat' idian*) 가르치셨다는 언급은 4:34, 6:31, 32, 7:33, 9:2,
28을 상기시키는데, 이들은 모두 마가의 필적을 분명히 나타낸다.[26]

　마가복음 13장에서 예수가 가르친 장소는 감람산이다. 이곳에 대
한 언급과 예수가 "그 큰 돌들과…큰 건물들"(13:1)과 함께 성전 및
성 전체가 시야에 들어오는 곳에 앉아 가르쳤음을 언급한 것은, 성전
이 멸망하리라는 예수의 예언(13:2)과 관련하여 이제 곧 제자들이 던
질 질문(13:4)과 그들의 질문에 대한 그의 대답에(13:5-37) 극적인 효
과를 더한다. 예루살렘에 도착한 이래 예수와 그의 제자들은 날마다
베다니와 성전을 오가며 감람산을 지났으므로(11:11-12), 이 장면
이 역사적 사실임을 믿을 이유는 충분하다. 비록 감람산에 대한 언급
이 몇몇 구약 구절에서 발견되지만(겔 11:22-25; 슥 14:4-5; 또한 *Ant.*
20.169-72; *T. Naph.* 5.1도 참고하라) 마가는 그들을 가리키거나 넌지시
언급하고 있지 않으므로, 이 장소를 언급한 것은 일차적으로 예수가
조금 전 멸망을 예고했던 성전과 예루살렘 성에 주의를 집중시키는

---

26 마가복음에서 예수가 제자들을 가르치며, 군중들로부터 떨어져 기적을 행하는 경우
　들로는 1:29-31; 4:10, 35-41; 5:40-43; 6:7-13, 30-32, 33-37, 45-52; 7:24-30;
　8:14-21, 27-33; 9:2-13, 30-32, 33-37, 38-41, 42-50; 10:10-11, 17-31, 32-45;
　11:12-14, 20-25; 12:41-44; 14:3-9, 12-42을 보라. 또한 1:40-45도 참고하라.

역할을 하고 있다. 예수가 앉아 있음은 그가 선생의 자세를 취하고 있음을 나타낸다(3:32; 4:1; 12:41; 마 5:1; 26:55; 눅 4:20-21; 5:3; 또한 요 8:2도 참고하라).

13:4은 마가복음 13장에서 가장 중요한 구절이다. 이 구절은 뒤따라 오는 구절들을 해석하는 열쇠다.[27] 이는 마가가 그의 독자들이 13:5-37, 특히 13:5-23에 나오는 예수의 가르침을 이 구절에 나오는, 제자들의 두 부분으로 이루어진[28] 질문에 대한 대답으로 이해하기를 원하기 때문이다. 그 두 부분은 대구를 이루며 13:2을 다시 가리킨다.

어느 때에 이런 일들[tauta]이 있겠습니까(저자 번역)?

이 모든 일[tauta...panta]이 이루어지려 하는 징조는 무엇이겠습니까?[29]

이 두 질문은 자연스럽고 동시에 정당하다.[30] 마가복음 8:11-12에

---

27 참고. Rudolf Pesch는 *Naherwartungen: Tradition und Redaktion in Mk 13*, KBANT (Düsseldorf: Patmos, 1968), 101에서 13:4에 나오는 제자들의 질문이 *wichtige Schlüssel zum Verständnis der eschatologischen Rede,* 즉 "[마가복음 13장에 있는 예수의] 종말론적 강화를 이해하는 데 있어 중요한 열쇠"라고 말한다.

28 Adela Y. Collins, *The Beginning of the Gospel: Probings of Mark in Context* (Minneapolis: Fortress, 1992), 77도 그렇게 본다.

29 Francis J. Moloney는 *The Gospel of Mark: A Commentary* (Peabody, MA: Hendrickson, 2002), 253에서 13:4이 세 개의 질문, 즉 성전과 예루살렘의 멸망에 관한 질문, 세상의 종말이 올 때에 관한 질문, 종말에 앞선 징조에 관한 질문을 담고 있다고 말한다. 하지만 이 구절은 내용을 따라 세 개의 질문으로 보기보다는 문법적 형태를 따라 두 개의 질문으로 보는 것이 타당하다.

30 어떤 경우에 징조를 구하는 일의 정당성이 인정됨과 관련해서는 출 3:12; 7:8-13;

서 예수는 초자연적 표징을 통해 그의 주장과 가르침의 정당성을 보
이라는 바리새인들의 요구를 거부했지만, 우리가 다루고 있는 이 기
사에서는 표징을 구하는 제자들의 요구에 대해 아무런 비판도 하지
않는다.[31] 그들이 표징를 **요구**(request)하는 것은 바리새인들이 예수
더러 표징을 행하라고 **요구**(demand)하는 것과 현저히 대비된다! 더
욱이 예수는 마가복음 13:14과 13:28-29에서 이 모든 일이 일어나
는 시기에 관련하여 한 표징을 언급하신다. 제자들의 두 질문에 대해
그들을 꾸짖는 대신 예수는 13:5-37에서 그들의 요구에 답해 나가
신다. 13:14에서 그는 이런 일들이 일어날 때의 표징(멸망의 가증한
것)과 시기("너희가 보거든")를 밝히신다. 예수가 표징을 구하는 제자들
의 요구를 받아들인 이유는 이것이 그를 시험하려는 것이거나, 그들
의 호기심을 만족하게 하려는 것이거나, 종말론적 정보를 추가하여
그들의 묵시적 시간표를 완성하려는 데 있지 않았다. 그것은 오히려
미리 경고를 받음으로 13:2에서 예수가 하신 예언의 성취에 대비하
려는 것이었다. 제자들의 두 부분으로 이루어진 질문은 이 멸망이 "어
떻게" 일어날지에 관한 정보를 구하지 않았다. 구약은 이미 예루살렘
이 기원전 587년에 멸망할 때 이 일이 어떻게 일어났는지, 그리고 그
일을 전후하여 어떤 환난들이 있었는지를 여러 곳에서 묘사함으로써

왕하 19:29; 사 7:11-17; 「바룩2서」 25:1-4; 에스드라2서 4:52을 참조하라.

31 따라서 13:4에서 징조에 대해 묻는 것이 "제자들의 잘못된 기대의 표현"이라
고 말하는 Timothy J. Geddert의 주장은 정당성이 없다. Timothy J. Geddert,
Watchwords: Mark 13 in Markan Eschatology, JSNTSS 26 (Sheffield: Sheffield
Academic Press, 1989), 57.

충분하고도 남을 만큼 많은 정보를 제공했다.[32]

"이런 일들"과 "이 모든 일"이라는 두 표현이 정확히 어떤 관계에 있는지와 관련하여 많은 논의가 있었다. 이 두 표현은 같은 것을 지칭하는가? 그렇다면 그들은 무엇을 지칭하는가? 아니면 "이 모든 일"은 다른 것을 지칭하는가? 예수의 대답이 제자들의 질문과 연관이 없다고(즉 제자들이 질문한 것과 예수의 대답이 별개의 것이라고[33]) 가정하지 않는 한, 첫 번째 질문은 조금 전 13:2에서 언급된 "이것들," 즉 성전의 멸망을 지칭하는 것이라고 보아야 한다. 두 번째 질문의 "이 모든 일"에 관해서는, 이 표현이 직전에 나온 질문의 "이러한 일들"과 관계가 있다면 무슨 관계가 있는 것인지가 문제 된다. "이 모든 일"은 "이러한 일들"이 지칭하는 것과 다른 것을 지칭하는가? 그것은 성전의 멸망과는 다른 어떤 사건을 지칭하는가, 아니면 성전의 멸망과 관련된 어떤 사건을 지칭하는가? 마가는 두 번째 질문에서 성전의 멸망뿐 아니라(13:2) 인자의 재림과 모든 것의 종말도(13:24-27) 지칭했던 것인가?

"예수의 대답이 이중성을 띠고 있음을 인식하는 것이 이 강화의 난점들을 풀어 건전한 해석에 이르는 데 크게 이바지한다. 그의 대답은 우선 가까운 미래의 사건들, 특히 기원후 70년의 예루살렘과 성전의

---

32 참고. 대하 36:15-21; 느 2:11-17; 렘 4:16-31; 9:19-22; 12:7-13; 15:1-9; 21:1-10; 25:11-14; 27:1-22; 39:1-10; 52:1-30; 애 1-2; 겔 4-5; 슥 14:2.

33 Evans가 *Mark 8:27-16:20*, 303에서 이런 견해를 취한다. 아마도 최초로 이러한 해석을 제시한 이는 안디옥의 빅토르(Victor of Antioch)일 것이다. *The Catena in Marcum: A Byzantine Anthology of Early Commentary on Mark*, ed. W. R. S. Lamb, TENTS 6 (Leiden: Brill, 2012), 399의 막 13:4에 관한 부분을 보라.

멸망에 적용되고, 둘째로 세상의 종말과 그의 재림에 적용된다."[34]

위의 해석에서 우리는 둘째 행이 좀 더 확장되고 광범위한 의미를 가지며 첫째 행에서 한 걸음 더 나아가는 계단식 대구법의 예를 보게 되는가? 아니면 반대로 "이런 일들"과 "이 모든 일"은 동의적 표현이며, 둘 다 예수가 13:2에서 예언하신 성전의 멸망을 가리키는가? 후자의 경우라면 우리는 본질적으로 동의적 대구법의 예를 보는 것

---

34 James A. Brooks, *Mark*, NAC (Nashville: Broadman, 1991), 208. 또한 다음을 비교하라. Johann Albrecht Bengel, *Gnomon of the New Testament* (New York: Sheldon, 1862), 1:362의 막 13:4에 관한 부분; Werner H. Kelber, *The Kingdom in Mark: A New Place and a New Time* (Philadelphia: Fortress, 1974), 111-13; William Hendriksen, *The Gospel of Mark*, NTC (Grand Rapids: Baker, 1975), 514; Rudolf Pesch, *Das Markusevangelium, Part 2: Kommentur zu 8,27-16,20*, 2nd ed., HTKNT (Freiburg: Herder, 1981), 275; Josef Ernst, *Das Evangelium nach Markus*, RNT (Regensburg: Pustet, 1981), 370-71; Morna D. Hooker, *The Gospel According to Saint Mark*, BNTC (Peabody, MA: Hendrickson, 1991), 305-6; Beasley-Murray, *Jesus and the Last Days*, 386-89; John Painter, *Mark's Gospel: Worlds in Conflict*, NTR (London: Routledge, 1997), 170-71; Adela Y. Collins, "The Apocalyptic Rhetoric of Mark 13 in Historical Context," *Biblical Research*, 41:13; Collins, *Mark*, 602; M. Eugene Boring, *Mark*, NTL (Louisville: Westminister John Knox, 2006), 354-55; Edward Adams, *The Stars Will Fall from Heaven: Cosmic Catastrophe in the New Testament and Its World*, LNTS 347 (New York: T & T Clark, 2007), 140-41; Joel Marcus, *Mark 8-16: A New Translation with Introduction and Commentary*, AYB (New Haven, CT: Yale University Press, 2009), 873-74; Walter W. Wessel and Mark L. Strauss, *Mark,* rev. ed., EBC (Grand Rapids: Zondervan, 2010), 916, 919; Camille Focant, *The Gospel According to Mark: A Commentary*, trans. L. R. Keylock (Eugene, OR: Pickwick, 2012), 526; 또한 W. D. Davies and Dale C. Allison, *A Critical and Exegetical Commentary on the Gospel According to Saint Matthew*, ICC (New York: T & T Clark, 1991), 3:331도 참고하라.

이다.[35]

13:24-27에 나오는 인자의 재림과 13:5-23에서 묘사된 사건들 간의 긴밀한 연계는 "이 모든 일"이 성전의 멸망 이상의 어떤 것을 가리킨다고 이해하는 견해를 지지한다. 또한 13:32-37에는 인자의 재림에 대비하여 깨어 있으라는 경고들이 있다. 나중에 우리가 이 구절들을 논의하며 보게 되겠지만, 13:24-27에 묘사된 사건들은 한편으론 13:5-23에 기록된 성전 멸망과 분리되어 있으면서도("그 [환난] 후") 연결되어 있다("그러나 그때에"). 게다가 13:5-23에 있는 예루살렘에 닥칠 멸망에 대한 몇몇 묘사는 기원후 70년에 일어난 사건 그 이상을 묘사하는 것처럼 보인다: 복음이 먼저 만국에 전파되어야만 하고(13:10), 멸망의 가증한 것이 먼저 일어나야 하며(13:14), 지금까지 없었고 후에도 없을 "큰" 환난이 닥쳐야 하고(13:19), 거짓 메시아들이 나타나야만 한다(13:22). 이 구절들은 13:5-23을 주석할 때 논의될 텐데, 우리는 거기서 이 구절들 모두 마가가 기원후 70년에 일어난 예루살렘의 멸망을 둘러싼 사건들을 묘사한 것임을 증명하려 시도할 것이다.

---

35 이런 견해를 취하는 학자들은 다음과 같다. Lloyd Gaston, *No Stone on Another: Studies in the Significance of the Fall of Jerusalem in the Synoptic Gospels* (Leiden: Brill, 1970), 12; William L. Lane, *The Gospel According to Mark*, NICNT (Grand Rapids: Eerdmans, 1974), 447-55; R. T. France, *Jesus and the Old Testament: His Application of the Old Testament Passages to Himself and His Mission* (Downers Grove, IL: InterVarsity Press, 1971), 231; France, *Mark*, 506-7; John R. Donahue and Daniel J. Harrington, *The Gospel of Mark*, SP (Collegeville, MN: Liturgical Press, 2002), 368.

13:4의 두 질문이 같은 지시대상을 염두에 두고 있다는 해석을 지지하는 여러 논거가 있다. 유일한 차이는 첫 번째 질문이 **언제** 이 일이 일어날 것인지를 묻는 반면(13:4a), 두 번째 질문은 이 일에 앞선 **표징**에 관해 묻고 있다는 것이다(13:4b). 하지만 두 질문이 지시하는 바는 같다. 13:2에서 언급된 성전(과 예루살렘)의 멸망이 그것이다. 이런 해석을 뒷받침하는 논거들로는 다음과 같은 것들이 있다.

(1) "이 모든 일"(13:4b)은 한 징조와 관련되며, 13:5-37에 언급된 단 하나의 분명한 "징조"는 13:14에 나오는 멸망의 가증한 것의 출현이다. "이 모든 일이 이루어지려 할 때에 무슨 징조가 있사오리이까"라는 질문은 13:14의 "너희가 **볼** 때"라는 말로 응답된다. 징조라는 것은 누군가 "보는" 어떤 것이다. 마가가 13:4 이후, 보일 징조로 지적한 첫 번째 것은 멸망의 가증한 것이며,[36] 이것은 믿는 자들이 13:2에서 예수가 예언한 멸망을 피하려면 즉시 유대로부터 도망하라는 신호가 된다.

(2) 13:5-23에서 주어진 몇몇 권고는 전통적으로 이해된 13:24-27의 인자의 재림과 관련해서는 전혀 적용될 수 없는 것들이다. 유대

---

36 13:5, 9, 33("주의하라"), 23("삼가라")에 나오는 "주의"에 대한 언급은 다른 동사(*blepō*)를 사용하며 전혀 다른 의미가 있다. 그것들은 이 장에 나오는 예수의 가르침에 주의를 기울일 것을 언급하는 명령들이지, 눈으로 무언가를 보라는 언급이 아니다. 또한 그것들은 사람의 의지에 호소하는 것이지, 시각에 호소하는 것이 아니다. 13:24-27에 나오는 인자의 재림을 13:4b에서 언급된 징조로 보려는 시도는 이 구절들에서 묘사된 현상들이 이 사건을 지시하는 선례들 혹은 예고적 사건들이 아니라 그 사건 자체에 수반되는 것들이란 사실을 놓친 것이다. Lane, *Mark*, 448; Beasley-Murray, *Jesus and the Last Days*, 307을 보라.

로부터 산으로 도망가는 것(13:14-16), 아이를 배고 젖을 먹이는 것
(13:17), 또는 한 해의 특정 시기(13:18)가 재림과 관련된 사건들에 도
대체 무슨 영향을 줄 수 있다는 말인가? 최후의 심판 때 임신한 여인
은 그렇지 않은 이들보다 상황이 훨씬 더 나쁜가? 하나님이 여름보다
는 겨울에 사람들을 더 혹독히 심판하시는가? 산에 있는 것이 성에
있는 것보다 더 나은가? 이러한 질문에 대한 대답은 "아니다!"이다.
하지만 우리가 만약 이런 지시사항을 예수가 기원후 70년의 사건과
관련하여 유대와 예루살렘에 있는 유대인 신자들에게 내리신 것으로
해석한다면,[37] 우리는 그것들을 완벽하게 이해할 수 있다. 이는 그 지
시사항들이 예수의 원래 청중들에게 그들이 다가올 성전과 예루살렘
의 멸망에 앞서 있을 멸망의 가증한 것의 출현에 어떻게 대응해야 하
는지를 알려주고 있기 때문이다. 우리가 만약 인자의 재림을 이 멸망
의 은유적 묘사로 해석한다면, 이 문제는 해결된다. 하지만 아래의 논
의가 보여주듯, 그러한 해석은 설득력이 없다.[38]

   (3) 13:4에서 사용된 "이러한 일들"(*tauta*)과 "이 모든 일"(*tauta
...panta*)이란 표현이 13:29("이러한 일들"[*tauta*])과 13:30("이 모든
일"[*tauta panta*])에서 다시 사용된다. 이것은 우연일 것 같지 않고, 그
들을 동의어로 보는 것이 최선의 해석이다. 13:29에 나오는 "이러한
일들"에 대한 두 번째 언급은 "이런 일들이 일어나는 것을 너희가 보

37 13:3-4의 청중(네 제자들, 우리)이 13:5에서 예수가 말하는 청중(그들)과 일치한다
   는 점을 주목하라.
38 아래 180-89을 보라.

거든(*hotan idēte*), 그/그것이 가까이, 곧 문 앞에 이른 줄 알라"는 예수의 권고와 관계된다. 이것은 앞선 13:14의 "너희가 보거든"(*hotan idēte*)이라는 권고를 상기시키는데, 이 권고는 13:4b에서 언급된 "징조"가 나타나는 것, 즉 13:14에서의 멸망의 가증한 것의 출현과 결합되어 있다. "이러한 일들"과 "이 모든 일"의 상호교환 가능성은, 13:29에서 "징조"(즉 "너희가 보거든")가 "이러한 일들"과 연결되는 데 반해, 13:4b에서는 "이 모든 일"과 연결된다는 사실로 증명된다.

> 13:4b—"**이 모든 일**이 이루어지려 할 때 무슨 징조가 있사오리이까?"
> (강조 첨가)
> 13:29—"너희가 **이런 일들**이 일어나는 것을 보거든"(강조 첨가)

또한 "이 모든 일"은 13:30에서 "언제"라는 문제를 다루며 그 답을 제시하는 반면("이 세대가 지나가기 전에"), 13:4a에서는 "언제"라는 문제가 "이런 일들"과 연관된다.

> 13:4a—"**언제 이런 일들**이 있겠습니까?"(저자 직역)
> 13:30—"**이 세대가 지나가기 전에 이 모든 일**이 일어나리라."(강조 첨가)

13:4b("이 모든 일")과 13:29("이런 일들")의 이 두 표현이 서로 교체 가능하다는 점과 13:4a("이런 일들")과 13:30("이 모든 일")의 그 두 표현이 서로 교체 가능하다는 점은, 마가가 그것들을 동의적 표현이자 같은 대상(성전[과 예루살렘]의 멸망)을 가리키는 것으로 이해했음을

강력히 논증한다.

(4) "이런 일들"과 "이 모든 일"의 의미를 추구하는 데 또 하나의 중요한 증거가 마가복음 13:4에 대한 가장 초기의 주석으로 알려진 누가복음에서 발견된다. 만약 대다수의 학자가 주장하듯 누가가 그의 복음서를 집필하면서 마가복음을 그의 원자료 중 하나로 사용했다면(참고. 눅 1:1-4), 마가복음 13:4을 그가 어떻게 이해했느냐를 아는 것은 굉장히 도움이 된다. 두 병행 구절을 나란히 놓으면 아래와 같다.

> 마가복음 13:2—"네가 이[tautas] 큰 건물들을 보느냐? 돌 하나도 돌 위에 남지 않고 다 무너뜨려지리라."(강조 첨가)
>
> 누가복음 21:6—"너희 보는 이것들이[tauta]…돌 하나도 돌 위에 남지 않고 다 무너뜨려지리라."(강조 첨가)
>
> 마가복음 13:4a—"우리에게 이르소서, 언제 이런 일들이 있겠습니까?"(저자 직역)
>
> 누가복음 21:7b—"선생님이여, 언제 이런 일들이 있겠습니까?"(저자 직역)
>
> 마가복음 13:4b—"또 이 모든 일[tauta panta]이 이루어지려 할 때에 무슨 징조가 있사오리이까?"(강조 첨가)
>
> 누가복음 21:7c—"또 이런 일들[tauta]이 일어나려 할 때에 무슨 징조가 있사오리이까?"(강조 첨가)

누가가 21:6의 "이것들"이 성전과 그에 결합된 구조물들을 가리키는 것으로 이해되었음은 분명한데, 왜냐하면 21:5에 언급된 "성전"

과 그 "아름다운 돌들" 및 "헌물들"만이 그 문구의 선행사가 될 수 있기 때문이다. 그다음 21:7b에 나오는 "이런 일들"(*tauta*)은 21:6에 나오는 "이것들"을 지칭하는 것으로 해석되어야 하고, 그러므로 또한 그 성전의 멸망을 가리키는 것으로 해석되어야 한다. 누가가 세 번째로 언급하는 21:7c의 "이런 일들"(*tauta*; NRSV에서는 "this"로 번역)은 21:7b의 "이런 일들"(*tauta*; NRSV에서는 "this"로 번역)을 선행사로 가지며, 따라서 같은 대상(성전[과 예루살렘]의 멸망)을 지시하는 것으로 해석되어야 한다. 누가복음 21:7c의 세 번째 "이런 일들"이 마가복음 13:4b의 "이 모든 일"과 상응하므로, 이는 누가가 마가의 "이런 일들"과 "이 모든 일"을 동의어로 이해했음을 보여준다.

(5) 누가와는 반대로 마태는 마가복음 13:4b의 "이 모든 일"이 13:4a의 "이런 일들" 이상의 사건을 포함하는 것으로 이해한 듯 보인다.[39] 두 병행 구절은 아래와 같다.

마가복음 13:4a―"우리에게 이르소서, 언제 **이런 일들**이 있겠습니까?"

---

39 C. E. B. Cranfield는 *The Gospel According to Mark*, CGTC (New York: Cambridge University Press, 1959), 394에서 마태가 마가의 이 구절을 정확히 이해했다고 주장한다. 하지만 필자가 보기에 마가의 이 구절을 정확히 이해한 사람은 마태가 아니라 누가다! 마태는 자신이 막 13:1-37에 덧붙인 인자의 재림에 관한 추가 자료(마 24:37-25:46)를 포함하고자 두 번째 질문의 초점을 확대했다. 제자들의 두 번째 질문을 옮겨 적으며 자신이 그 질문을 첫 번째 질문과 같은 뜻으로 이해했음을 "이런 일들"(*tauta*)을 재차 사용하여 보여준 누가와 대조해보라. 그는 마가복음에서 제자들의 두 번째 질문에 있는 "이 모든 일"(*tauta panta*)을 첫 번째 질문의 "이런 일들"(*tauta*)과 같은 것으로 이해한다. 이것은 성전의 멸망과 관계된다(막 13:1-2; 눅 21:5-6).

(저자 직역)

마태복음 24:3b—우리에게 이르소서, 언제 **이런 일들이** 있겠습니까?"(저
자 직역)

마가복음 13:4b—"또 **이 모든 일이** 이루어지려 할 때에 무슨 징조가 있사
오리이까?"(강조 첨가)

마태복음 24:3c—"또 **주의 임하심과 세상 끝**에는 무슨 징조가 있사오리이
까?"(강조 첨가)

마가복음 13:4b을 마태가 수정한 것으로 볼 때 마태는 마가복음
13:4b에 있는 두 번째 질문이 그가 자신의 감람산 강화에 포함시킨
재림 관련 추가 자료들의 도입부 역할을 해 주길 원했던 것 같다. 마
태가 마가복음이나 누가복음에서는 발견되지 않는, 인자의 재림을 다
루는 상당량의 자료를 마가복음 13장에 첨가했음은 분명하다.[40] 이는
그가 복음서를 집필하면서 사용했던 편집 경향과 잘 들어맞는다. 그
경향이라 함은 이야기 자료(1-4, 8-9, 11-12, 14-17, 19-22[23], 26-28
장)와 말씀 혹은 강화 자료(5-7, 10, 13, 18, [23]24-25장)를 교대로 배
치하는 것과 관련된다. 이는 다섯 개의 강화 모두 요약으로 끝맺는다
는 사실로 분명해진다: "예수께서 이 말씀을 마치시매"(마 7:28-29);
"예수께서 명하기를 마치시고"(마 11:1); "예수께서 이 모든 것을 무

---

40 눅 12:42-46과 병행하는 마 24:45-51 그리고 눅 19:12-27과 병행하는 마 25:14-
   30을 제외하면, 인자의 재림을 다루는 마 24:37-25:46의 자료들은 마태복음에만
   있다. 또한 누가복음에 실린 두 병행 구절이 누가복음 내에서 등장하는 위치가, 그
   구절들이 마태복음 내에서 등장하는 위치와 전혀 다름을 주목하라.

리에게 비유로 말씀하시고"(마 13:34-35); "예수께서 이 말씀을 마치시고"(마 19:1); "예수께서 이 말씀을 다 마치시고"(마 26:1). 아마도 마태가 마가복음 13:1-37(마 24:1-36) 자료에 마태복음 24:37-25:46에 담긴 재림에 관한 자료를 추가한 것은, 그가 마가복음 13:4에 나오는 제자들의 두 부분으로 이루어진 질문의 경계를 확장하여 인자의 재림과 세상의 종말에 관한 구체적인 언급을 덧붙인 것일 게다. 그가 마가의 "이 모든 일"이 인자의 재림과 관련되지 않는다고 생각했는지 (그래서 마 24:3c에 "주의 임하심과 세상 끝"이란 말을 추가한 것인지), 아니면 그것이 실제로 성전의 멸망과 재림 둘 다를 언급한다고 생각하여 그것을 좀 더 분명하게 하려고 했던 것인지는 알 수 없다.

(6) 13:5("예수께서 그들에게 말씀하기 시작하셨다")과 13:23("내가 모든 일을 너희에게 이미 말하였노라")에서 발견되는 수미상관법은 13:4에 나오는 제자들의 두 부분으로 이루어진 질문에 대한 예수의 대답이 13:23에서 끝남을 나타낸다. 마가복음 13:24-27에 있는 인자의 재림에 관련한 자료는 13:4의 이중 질문과 13:5-23의 대답의 범위 밖에 있다. 따라서 인자의 재림에 대한 언급은 "그 [환난] 후"(13:24) 일어날 새로운 화제를 꺼낸다.

(7) 이 논의에서 자주 간과되지만, 마가의 문법적 스타일을 분명히 해줄 관련 구절이 마가복음 11:28에서 발견된다. 이 구절에서 우리는 연관된 용어를 사용하며 동의적 대구법을 사용하여 같은 논점을 언급하는, 연속되는 두 질문을 보게 된다. 예수는 다음과 같은 질문을 받는다: "무슨 **권위**로 **이런 일들**(tauta)을 하느냐? 누가 **이런 일들**(tauta)을 할 **권위**를 주었느냐?" 13:4도 유사한 용어를 사용하는

두 연속 질문의 예로서 그에 대해 하나의 대답이 이어지는 것을 볼 때, 이 역시 동의적 대구법의 한 예로 해석되어야 한다고 주장할 수 있다.[41] 마가복음에서 두 질문이 연속적으로 나오면서, 두 번째 질문이 본질적으로 첫 번째 질문의 반복인 경우의 추가적인 예로는 다음이 있다.

> "너희도 이렇게 깨달음이 없느냐? 너희가 알지 못하느냐?"(7:18)
> "내가 얼마나 더 너희와 함께 있어야 하느냐? 내가 얼마나 더 너희를 참아야 하느냐?"(9:19)
> "네가 자느냐? 네가 한 시간도 깨어 있을 수 없더냐?"(14:37)

우리는 8:17b-18에서도 연속되는 다섯 개의 질문들을 발견하게 되는데, 뒤의 네 개의 질문이 본질적으로 첫 번째 질문의 반복임을 보게 된다: "아직도 알지 못하며 깨닫지 못하느냐? 너희 마음이 둔하냐? 너희가 눈이 있어도 보지 못하느냐? 너희가 귀가 있어도 듣지 못하느냐? 또 기억하지 못하느냐?"

위의 예들(특히 두 질문에서 같은 어휘가 반복되는 11:28)은 모두 마가

---

41 Beasley-Murray는 *Jesus and the Last Days*, 216-17에서 막 11:28이 13:4의 "이런 일들"과 "이 모든 일"이 각각 다른 것(성전의 멸망과 세상의 종말)을 지시함을 증명해주는 예라고 주장한다. 하지만 막 11:28에서 "이런 일들"과 "이런 일들"은 똑같은 사건을 가리킨다. 둘 다 11:1-26에 나오는 성전에서의 예수의 행위를 언급한다. 그러므로 11:28의 예는 오히려 13:4의 이중 질문 역시 성전 멸망이라는 같은 것을 지시하는 것으로 유사하게 해석되어야 함을 지지한다.

복음 13:4의 ("이런 일들"과 "이 모든 일"이라는 용어가 있는) 두 질문이 성
전의 멸망이라는 같은 사건을 지시하는 것으로 이해하는 입장을 뒷
받침해준다.

(8) "이 모든 일"(*tauta panta*)이라는 표현이 신약에서 26번 나오는
데, 그중 24번은 그 표현 전에 나온 것을 가리킨다.[42] 한 경우에는 그
표현이 지시 대상 전후에 나오는 것으로 보이며(눅 21:36), 또 한 경우
는 우리가 지금 논의하고 있는 본문이다. 이것은 우리가 13:4의 "이
모든 일"을 그에 선행하는 "이런 일들"과 13:2에서 언급된 성전의 멸
망을 가리키는 것으로 이해해야 함을 암시한다.

(9) 마지막으로, 주의해야 할 점은 "모든"(*panta*)이란 말을 "이 일
들"(*tauta*)에 덧붙인 것이 "이 모든 일"을 "이런 일들과 다른 일들" 혹
은 "이런 일들과 더불어 아래에 말하는 것"이라고 해석할 것을 요구
하지 않는다는 점이다. 오히려 "모든"이란 말이 "이 일들"을 강조하여
"이 모든 일"이란 말이 "방금 전 언급된 이런 일들 모두"를 뜻하거나,
아니면 단순히 "이런 일들"의 동의적 표현으로 쓰였다고 해석하는 것
이 더 낫다.

---

42 마 4:9; 6:32, 33; 13:34, 51, 56; 19:20; 23:36; 24:2, 8, 33, 34; 막 7:23; 10:20;
13:30; 눅 1:65; 2:19; 12:30; 16:14; 18:21; 24:9; 요 15:21; 행 7:50; 고전 12:11을
보라.

요약

마가복음 13:1-4의 시작 장면은 다음을 포함한다: 예루살렘 성전의
배경(13:1); 성전의 위용과 크기에 대한 제자 중 하나의 진술(13:2);
성전이 완전히 파괴되어 돌 하나도 돌 위에 남지 않을 것이라는 예수
의 대답(13:3); 이 일("these things")이 **언제** 일어나는지와 이 일의 **전
조**가 무엇인지를 묻는 이중 질문을 수반한 제자들의 반응(13:4). 이
이중 질문은 이 장을 이해하는 열쇠이며, "2절에서 예수가 예언한 성
전의 멸망과만 관련되는 것"으로 이해되어야 한다.[43] "언제"와 관련해
서는 마가가 13:5-7(특히 13:7c을 보라: "아직 끝은 아니니라")과 13:8-
13에서 "언제가 아닌지"를 먼저 다룰 것이다. "징조"와 관련하여[44] 주
목해야 할 점은 모든 병행 기사(막 13:4; 마 24:3; 눅 21:7)에서 그 표현
이 단수, 즉 "그 징조"(to sēmeion)로 쓰였지만, 13:5-13에 나타난 사
건들은 복수라는 점이다. 이 단수의 "징조"가 무엇인지는 13:14의
"때"와 함께 주어질 것이다: "[멸망의 가증한 것]이 서지 못할 곳에 선
것을 너희가 **볼 때.**" 성전(과 예루살렘)의 멸망에 선행할 이 징조를 보

---

43 France, *Jesus and the Old Testament*, 231. 이 점에서 N. T. Wright가 "In
   Grateful Dialogue: A Response" in *Jesus & the Restoration of Israel: A Critical
   Assessment of N. T. Wright's 'Jesus and the Victory of God,'* ed. Carey C.
   Newman (Downers Grove, IL: InterVarsity Press, 1999), 265에서 다음과 같이
   말한 것은 옳다: "이 장[마가복음 13장]의 서두를 여는 질문이자 앞선 장들이 우리
   로 준비케 한 바로 그 질문은 특별히 예루살렘과 성전의 멸망이다."
44 W. A. Such는 마가복음 13장의 도입부(13:1-4)에서 핵심 단어인 *sēmeion*(**징조**)
   이 일종의 제목이자 표어 역할을 하며 13:14을 가리킨다는 점을 지적한다. "The
   Crux Criticorum of Mark 13:14," *Restoration Quarterly* 38 (1996): 94.

면, 그 지역에 사는 믿는 자들은 즉시 도망쳐 그 도시에 미칠 임박한 위험과 공포를 피해야만 한다(13:15-23). 후에 "이 세대[즉 예수의 제자들 세대]가 지나가기 전에 이 모든 일이 다 이루어지리라"는 것이 언급될 것이다(13:30).

4

다가올 성전(과 예루살렘)의
멸망과 그 전조

마가복음 13:5-23

본문과 도입부

5예수께서 이르시되 "너희가 사람의 미혹을 받지 않도록 주의하라. 6많은 사람이 내 이름으로 와서 이르되 '내가 그라' 하여 많은 사람을 미혹하리라. 7난리와 난리의 소문을 들을 때에 두려워하지 말라. 이런 일이 있어야 하되 아직 끝은 아니니라. 8민족이 민족을, 나라가 나라를 대적하여 일어나겠고 곳곳에 지진이 있으며 기근이 있으리니 이는 재난의 시작이니라.

9너희는 스스로 조심하라. 사람들이 너희를 공회에 넘겨 주겠고 너희를 회당에서 매질하겠으며 나로 말미암아 너희가 권력자들과 임금들 앞에 서리니 이는 그들에게 증거가 되려 함이라. 10또 복음이 먼저 만국에 전파되어야 할 것이니라. 11사람들이 너희를 끌어다가 넘겨 줄 때에 무슨 말을 할까 미리 염려하지 말고 무엇이든지 그때에 너희에게 주시는 그 말을 하라. 말하는 이는 너희가 아니요 성령이시니라. 12형제가 형제를,

아버지가 자식을 죽는 데에 내주며 자식들이 부모를 대적하여 죽게 하
리라. 13또 너희가 내 이름으로 말미암아 모든 사람에게 미움을 받을 것
이나 끝까지 견디는 자는 구원을 받으리라.

　　14[멸망의 가증한 것][1]이 서지 못할 곳에 선 것을 보거든(읽는 자는 깨
달을진저) 그때에 유대에 있는 자들은 산으로 도망할지어다. 15지붕 위에
있는 자는 내려가지도 말고 집에 있는 무엇을 가지러 들어가지도 말며 16
밭에 있는 자는 겉옷을 가지러 뒤로 돌이키지 말지어다. 17그날에는 아이
밴 자들과 젖 먹이는 자들에게 화가 있으리로다. 18이 일이 겨울에 일어
나지 않도록 기도하라. 19이는 그날들이 환난의 날이 되겠음이라. 하나님
께서 창조하신 시초부터 지금까지 이런 환난이 없었고 후에도 없으리라.
20만일 주께서 그날들을 감하지 아니하셨더라면 모든 육체가 구원을 얻
지 못할 것이거늘 자기가 택하신 자들을 위하여 그날들을 감하셨느니라.
21그때에 어떤 사람이 너희에게 말하되, "보라! 그리스도가 여기 있다!"
"보라! 저기 있다!"하여도 믿지 말라. 22거짓 그리스도들과 거짓 예언자들
이 일어나서 이적과 기사를 행하여 할 수만 있으면 택하신 자들을 미혹하
려 하리라. 23너희는 삼가라. 내가 모든 일을 너희에게 미리 말하였노라."

　　13:4에서 두 부분으로 이루어진 제자들의 질문을 기록한 후 마가
는 13:5-23에서 예수의 대답을 기록한다. 제자들의 질문이나 논
평 혹은 행동이 예수로부터 교훈적인 반응을 끌어내는 다른 예들은
4:10(4:11-34), 7:17(7:18-23), 9:28(9:29), 38(9:39-41), 10:13(10:14-

---

1　NRSV는 "황폐하게 하는 신성 모독"(desolating sacrilege)이라는 표현을 사용한다.

16), 35(10:36-40)에서 발견된다. 제자들이 예수께 질문을 던진 경우 (4:10; 7:17; 9:28), 예수는 제자들의 질문에 구체적으로 대답하신다. 어떤 학자들은 13:5-23에 나온 예수의 대답이 13:4에 언급된 제자들의 질문에 특별히 한정하여 답한 것이 아니라고 주장하지만,[2] 마가는 예수의 대답이 제자들의 두 부분으로 이루어진 질문에 대한 직접적인 대답이 아니라는 어떤 암시도 주지 않는다.

13:5-23에 나오는 가르침들은 하나의 통일된 전체를 이룬다. 이는 13:5의 "너희가 사람의 미혹을 받지 않도록 주의하라[*blepete*]", 13:9의 "주의하라"(*blepete*), 13:23의 "삼가라"(*blepete*)라는 반복되는 명령에서 보인다(13:23의 "삼가라"["be alert", NRSV]는 13:5과 13:9에서 쓰인 단어와 같은 단어를 사용하고 있음을 보여주기 위해 "주의하라"["beware"]로 번역하는 것이 더 낫다). 또한 이 강화의 통일성은 이 자료를 한데 묶어주는, 때를 나타내는 절들(temporal clauses)에 의해서도 드러난다.

- 13:7 —"난리와 난리의 소문을 들을 때에[*hotan de*]…그러나

---

2 Craig A. Evans는 *Mark 8:27-16:20*, WBC (Nashville: Nelson, 2001), 303에서 "예수는 '어느 때에 이런 일이 있겠습니까'라든지 '이 모든 일이 이루어지려 할 때에 무슨 징조가 있사오리이까'라는 그들의 질문에 직접 답하지 않는다. 대신 기만과 핍박에 대해 경고한다"라고 말한다. 또한 Larry W. Hurtado, *Mark*, NIBC (Peabody, MA: Hendrickson, 1983), 213; Robert H. Gundry, *Mark: A Commentary on His Apology for the Cross* (Grand Rapids: Eerdmans, 1993), 738 그리고 "예수는 성전이 멸망할 때를 묻는 제자들의 질문을 빗겨 나간다. 그 대신 제자들에게 그들 공동체 내부의 타락에 대해 경고한다"라고 말하는 Megan McKenna, *On Your Mark: Reading Mark in the Shadow of the Cross* (Maryknoll, NY: Orbis, 2006), 172 등도 참고하라.

> 아직 끝은 아니니라[*oupō to telos*]"

- 13:8 —"이는 재난의 시작이니라[*archē ōdinōn tauta*]"
- 13:10 —"또 복음이 먼저 전파되어야 할 것이니라[*prōton dei kēruchthēnai to euangelion*]"
- 13:11 —"사람들이 너희를 끌어다가 넘겨 줄 때에[*kai hotan*]"
- 13:14 —"[멸망의 가증한 것]을 보거든[*kai hotan*]…그때에 [*tote*] 유대에 있는 자들은 도망할지어다"
- 13:21 —"그때에[*kai tote ean*] 어떤 사람이 너희에게 말하되"

마지막으로, 그리고 훨씬 더 중요한 점은, 13:5-23의 통일성이 첫 구절("예수께서 말씀하시길 시작하셨다[*legein*]")과 마지막 구절("너희는 삼가라[주의하라]. 내가 모든 일을 너희에게 이미 말하였노라[*proeirēka*, *prolegein*의 변화형]")에서 발견되는 수미상관법에 의해 드러난다는 점이다. 이 두 구절은 13:5-23에 있는 자료를 둘러싸는 북엔드 구실을 하며, 마가가 이 자료를 성전이 **언제** 멸망할지와(13:2) 그에 앞선 **징조**가 무엇일지(멸망의 가증할 것의 출현, 13:14)를 묻는 말들에 대한 예수의 대답을 담은 하나의 통일된 강화로 보았음을 나타낸다.

13:24-27에 나와 있는 인자의 재림은 이 수미상관 구조 안에 포함된 자료 밖에 위치한다는 점을 주목해야 한다. 이것은 마가가 인자의 재림을 성전 멸망에 관한 제자들의 이중 질문(13:4)에 대한 예수의 대답의 일부(13:5-23)로 보지 않았음을 나타낸다. 또한 이것은 13:24-27의 도입부인 13:24a에서 드러난다: "그러나 그 고난[환난, RSV]이 지난 **뒤에**, 그날에는." 이로써 재림이 성전 멸망에 앞서서 일어나거나

그와 동시에 일어나지 않는다는 점은 분명해진다. 오히려 그것은 성
전 멸망 후에 있을 일이다! 얼마 후에 있을 것인지는 5장에서 논의할
것이다.

어떤 학자들은 13:5-23에서 아래와 같은 상세한 교차 대구구조를
발견한다.

A 거짓 메시아들의 출현(13:5-6)

B 전쟁과 자연재해의 발발(13:7-8)

C 믿는 자들의 선교와 핍박(13:9-13)

B′ 전쟁의 발발과 예루살렘을 피할 필요(13:14-20)

A′ 거짓 메시아들의 출현(13:21-23)[3]

13:5-23을 교차 대구구조로 이해하는 것은 장점이 있긴 하지만, 위에
제시된 개요로는 나타나지 않는 강화의 여러 강조점이 있다. 그중 하
나는 13:5-23에서 강조하는 것처럼 성전과 예루살렘의 임박한 멸망
에 선행하는 징조로 보아서는 안 되는 것들이 있다는 점이다. 제자들

---

3 13:5-23에서 이러한 혹은 이와 유사한 형태의 교차 대구구조를 발견한 학자들로는
   Jan Lambrecht, *Die Redaktion der Markus-Apocalypse: Literarische Analyse
   und Strukturuntersuchung*, AnBib 28 (Rome: Päpstliches Bibelinstitut,
   1967), 173; Kenneth Grayston, "The Study of Mark XIII," *BJRL* 56 (1974): 374;
   Gundry, *Mark*, 733; Francis J. Moloney, *The Gospel of Mark: A Commentary*
   (Peabody, MA: Hendrickson, 2002), 249; Dean B. Deppe, "Charting the
   Future or a Perspective of the Present? The Paraenetic Purpose of Mark 13,"
   CTJ 41 (2006): 93-94 등이 있다. 하지만 제시된 교차 대구구조의 구성과 관련해
   서는 상당한 차이가 있다.

은 거짓 메시아들의 출현이나 전쟁과 지진 그리고 기근의 소식과 소
문들이 예루살렘의 임박한 멸망을 예고한다고 오해해서는 안 된다.
이것들은 타락한 세상에서 일어날 수밖에 없는 자연스러운 일들이기
에 제자들은 두려워해서는 안 된다. 이는 아직 끝, 즉 성전과 예루살렘
의 멸망이 아니기 때문이다(13:7). 또한 그들은 그들이 지금 받는 핍
박이 그러한 징조라고 해석해서도 안 된다(13:9-13). 그래서 우리는
마가복음의 이 단락을 논의하는 데 있어 아래의 개요를 따를 것이다.

- 성전의 임박한 멸망의 전조가 아닌 사건들(13:5-13)

  첫 번째 비(非)전조: 거짓 메시아들의 출현(13:5-6)

  두 번째 비(非)전조: 전쟁과 자연재해의 발발(13:7-8)

  세 번째 비(非)전조: 믿는 자들의 선교와 핍박(13:9-13)

- 성전과 예루살렘의 임박한 멸망을 예고하는 멸망의 가증한 것이라는
  징조와 유대로부터 도망하라는 경고(13:14-20)

- 성전과 예루살렘의 멸망 직전 나타날 거짓 메시아들에 대한 경고
  (13:21-23)

마가복음 13장을 읽다 보면 한 가지 심각한 문제에 맞닥뜨리게 되는
데, 사실 그 문제는 역사적 이야기를 포함하는 모든 본문에서 마주치
게 되는 문제다. 이것은 본문에 있는 명령과 경고들을[4] 저자가(이 경우

---

4 우리는 그러한 권고들을 13:5, 9, 23, 33(blepete을 사용함)과 13:7, 11, 18, 21에서
   찾을 수 있다. 또한 13:28(2번), 29, 33, 35, 37(grēgoreite)도 참고하라.

마가가) 그의 예상 독자들을 향해 한 것으로 이해해야 하는가, 아니면 예수가 그의 제자들에게 전해 주신 명령과 경고의 기록으로 이해되어야 하는가 하는 문제와 관련된다. 다른 말로 하면, 13:5-23에서 예수의 입술로부터 나온 개개의 명령과 경고를 마가가 그의 독자들에게 말하는 것으로 이해해야 하는가("외적 문맥"), 아니면 마가는 그의 독자들이 이 경고와 명령들을 예수가 그의 지상 사역 중에 그를 따랐던 이들, 즉 멸망의 가증한 것이 성전에 나타난 것을 볼 때 안전을 위해 예루살렘과 유대를 피해 산으로 도망해야 했던 이들에게 말씀한 것으로 이해하기를 원했는가("내적 문맥")? 13:5-23에 있는 명령들을 마가가 그의 독자들에게 한 것으로 해석한 가장 명백한 예 중 하나가 마르크센(Marxsen)의 해석이다.[5] 그는 마가복음을 성전과 예루살렘의 멸망을 피해 유대를 떠나 펠라(Pella)로 가라고 복음서 저자가 그의 독자들에게 준 경고로 해석했다. 이곳에서 그들은 임박한 인자의 재림을 기다려야 했다.[6] 마가복음 13장을 이렇게 거울 독법(mirror reading)으로 읽는 것은 마가의 예상 독자들이 60년대 말 유대와 예루살렘에 살았던 유대 기독교인들이었음을 요구한다. 하지만 우리는 마가복음 본문으로부터 그의 독자들이 유대인들이 아니라 이방인들

---

5   Willi Marxsen, *Mark the Evangelist: Studies on the Redaction History of the Gospel*, trans. James Boyce et al. (Nashville: Abingdon, 1969), 특히 166-89을 보라.

6   Marxsen은 막 14:28과 16:7이 예수의 부활이 아니라 그의 재림을 가리키는 것으로 해석하는 데 있어 Ernst Lohmeyer, *Galiläa und Jerusalem* (Göttingen: Vandenhoeck, 1936), 10-25과 Robert Henry Lightfoot, *Locality and Doctrine in the Gospels* (New York: Harper, 1937), 55-65을 따른다. 하지만 Robert H. Stein, "A Short Note on Mark XIV. 28 and XVI. 7," *NTS* 20 (1973): 445-52을 보라.

이었음을 알 수 있는데, 이는 유대인의 관습(7:2-3, 14:12, 15:42)과 아람어에 대한 설명(3:17, 22; 5:41; 7:11; 9:43; 10:46; 14:36; 15:22, 34)이 분명히 보여준다.[7] 왜 마가가 모국어가 아람어이며 예루살렘에 사는 유대 기독교인들에게 그가 그리스어로 쓴 복음서에 바리새파 종교 전통과 아람어 표현들을 설명했겠는가? 이는 마치 필자가 독일에 사는 친척들에게 영어로 편지를 쓰면서 그들에게 독일 사람들의 관습과 전통 및 여러 독일어 용어 및 어구의 의미에 관해 설명하는 것과 같다! 마르크센의 마가복음 거울 독법은 분명 문제가 있으며 당연히 거의 지지를 받지 못했다.[8]

허구 문학 작가들과 달리 마가와 다른 복음서 저자들은 복음서를 집필하는 데 있어 많은 제약 요소를 안고 있었다. 그러한 제약 요소 중 하나는 독자들에게 이미 알려진 바 역사적 예수의 삶과 가르침에 대한 "사실들"이었다.[9] 또 다른 제약 요소로는 기독교 공동체 내에서 유포된, 예수에 관한 복음 전승들의 형태와 내용이었다. 마가가 복음서를 쓸 무렵에는 이러한 전승들이 상당히 고정된 양식(form)을 가지고 있었고, 이미 신성한 전승으로 취급되기 시작한 터였다.[10] 그러므

---

7 위 54-56을 보라.

8 보다 보수적인 거울 독법으로 마가복음 13장을 해석한 것을 보려면, Martin Hengel, *Studies in the Gospel of Mark*, trans. John Bowden (Philadelphia: Fortress, 1985), 7-30을 보라.

9 누가가 그의 복음서에서(눅 1:4) 이러한 전승에 대한 그의 독자들의 기존 지식을 언급함에 주목하라.

10 바울이 그가 고린도 교회에 "전한" 주의 만찬에 관한 전승(고전 11:23-26 RSV)이 궁극적으로 "주께 받은 것이라"(고전 11:23a)고 주장하는 부분을 주목하라. 하지만

로 마가의 독자들은 그의 복음서가 읽힐 때 이미 그 안에 담긴 자료에 대한 상당한 지식을 가지고 있었다. 또한 그들은 마가의 복음서가 읽힐 때 예수의 명령 중 어떤 것들은 자신들을 향한 것이 아님을 알았다. 그것들이 적실성 있는 함의를 가지고 있을 수는 있지만, 우리가 마가의 독자들에 대해 이 복음서로부터 알 수 있는 바에 따르면, 성전에 멸망의 가증한 것이 선 것을 보는 것과 관련해 주어진 명령들은 그들에게 주어진 것이 아니었을 것이다. 의심할 여지 없이 독자들은 다니엘 9:27, 11:31, 12:11과 마카베오상 1:54, 59에 기록된 사건을 통해 예수가 말씀한 것과 유사한 멸망의 가증한 것에 대해 알고 있었다. 이 사건과 뒤이은 기원전 165년의 성전 정화는 매년 보통 12월에 유대인들에 의해 하누카 혹은 "빛의 축제"라 불리는 8일간의 축제로 기념되었다(참고. 요 10:22-23).[11] 하지만 멸망의 가증한 것을 보는 즉시 유대와 예루살렘을 피하라는 경고는, 팔레스타인에 살고 있지 않은 이방인들로 이루어진 마가의 독자들에게는 일어날 리도, 우려할 이유도 없는 일이었다. 그러므로 마가는 그의 독자들에게 이런 명령을 하고 있지 않고, 현대의 독자들도 이 명령에 거울 독법을 적용해서는 안 된다. 오히려 마가는 그의 독자들이 13:14-20에 있는 자료를

예수 전승들이 사도들에 의해 믿는 자들의 공동체에 전해진 것만큼이나 그 역 또한 사실이다. 공동체가 그 신성한 전승에 맡겨진 것이다(롬 6:17)!

11 George R. Beasley-Murray는 *Jesus and the Last Days: The Interpretation of the Olivet Discourse* (Peabody, MA: Hendrickson, 1993), 367에서 "애굽 바로의 압제와 출애굽 구원이 매년 유월절을 지킴으로 기억되는 것과 같이, 안티오코스 에피파네스와 그의 신성모독적인 압제로부터 구원받은 기억은 매년 수전절을 지킴으로 사람들의 마음속에 생생히 간직되었다"고 지적한다.

역사적 예수가 그의 사역 동안 유대인 제자들에게 주신 명령들로 이해하기를 원한다. 이 명령들은 유대인 제자들의 생전에 그들에게 영향을 끼칠 사건들과 관련되며(13:30) 다가올 성전과 예루살렘의 멸망에 관계된다(13:2, 4).

마가복음 13장을 해석하는 데 있어 필수적인 것은 복음서 저자가 이 장에 있는 예수의 명령들이 그의 복음서 독자들에게 주어진 것으로 이해되기를 원했다고 가정하지 않는 것이다.[12] 그것들은 마가의 창작물도, 근본적으로 수정되어 독자들에게 주어진 예수 전승도 아니다. 마가는 그것들이 예수에 의해 베드로, 야고보, 요한, 그리고 안드레에게 주어진, **언제** 예루살렘과 성전의 멸망이 일어날지에 대한, 또 그 임박한 멸망을 경고하는 **징조**(멸망의 가증한 것)의 출현에 대한 교훈으로서 이해되기를 바란다. 이 징조를 보는 즉시, 그들은 유대와 예루살렘으로부터 도망쳐 안전하게 "산"으로 가야 했다(13:14). 마가의 독자들에게 13:14-20의 명령들은 아무런 직접적이고 문자적인 중요성이 없었다. 그 명령들이 어쩌면 후대의 독자들뿐만 아니라 그들에게도 적절한 함의를 지니고 있을 수는 있으나,[13] 이 자료를 단순히 거울 독법을 가지고 접근하는 것은 명료함보다는 오히려 혼란으

---

12 이 전승들이 실제로 역사적 예수가 그의 사역 기간 중 말씀하신 것인지, 아니면 단지 마가의 독자들에게 알려진 예수 전승에서 발견된 것인지는 우리의 논의에 중요치 않다.

13 참고. Etienne Trocmé, *The Formation of the Gospel According to Mark*, trans. P. Gaughan (Philadelphia: Westminster, 1975), 213n3: 마가의 "목적은, 심지어 그의 본문이 단순 묘사에 가까울 때조차도, 권고하고 경고하는 것이었다."

로 이끌 것이다.

두 부분으로 이루어진 제자들의 질문에 대한 예수의 첫 번째 대답 부분은 예루살렘 멸망이 임박했다는 지표 역할을 하지 않는 일반 재난 및 박해와 관련된다.[14]

마가복음 13:5-13: 성전의 임박한 멸망의 전조가 아닌 사건들

첫 번째 비(非)전조: 자칭 거짓 메시아들의 출현(13:5-6)

마가는 13:5-13을 그의 전형적인 "그리고 예수께서 말씀하기 시작했다"(RSV)로 시작한다.[15] 13:5의 명령형 "주의하라"(*blepete*)는 13:9, 23(NRSV에서는 "경계하라"[be alert]로 번역되었다), 33에서도 발견된다 (4:24; 8:15도 참고). 이 모든 경우에서 그것은 시각과는 아무 상관이 없고 오히려 다음의 번역들이 나타내듯 분별력을 행사할 필요와 관계된다: "주의하라"(Beware, NRSV), "조심하라"(Watch out, NIV), "누구도…못하도록 확실히 해라"(See that no one, ESV), "누구도…못하도록 해라"(Don't let anyone, NLT), "경계하라"(Be on your guard, REB), "조심하라"(Take care, NJB), "유의하라"(Take heed, RSV) 등등. 이 경고의

---

14 Hurtado, *Mark*, 214.

15 이러한 예들의 목록은 Robert H. Stein, *Mark*, BECNT (Grand Rapids: Baker Academic, 2008), 108을 보라.

내용은 제자들이 "[예수의] 이름으로" 와서 "내가 그다!"라고 말하는 거짓 메시아들의 미혹을 받지 않아야 한다는 것이다. 그들이 출현함으로 생기는 불운한 결과는 그들이 많은 사람을 미혹하여 비참한 결말로 인도한다는 것이다.

예수를 사칭하는 자들의 주장은 여러 다른 방식으로 이해될 수 있다. 하나는 그들이 "예수"라는 이름을 입 밖에 냄으로써 마술적 능력을 불러일으키려고 그 이름을 일종의 주문처럼 사용했던 사도행전 19:13-17의 유대인 축귀사역자들과 같은 자들이라고 해석하는 것이다. 다른 하나는 그들이 예수가 그들을 보냈다고("내 이름으로") 주장하는 가짜 그리스도교 예언자들이라고 해석하는 것이다.[16] 또 다른 가능한 해석은 그들이 하늘로부터 돌아온 예수 자신이라고 주장하는 것이라고 보는 것이다. 가장 가능성 있는 해석은 이들이 자신을, 예수의 진정한 정체인, 메시아 혹은 그리스도라고 거짓 주장하는 유대인들이라고 보는 것이다.[17] 이 해석은 13:21-22과 마태복음 24:5의 병행 구절("많은 사람이 내 이름으로 와서 이르되 나는 그리스도라 하여 많은 사람을 미혹하리라")로부터 추가적인 지지를 받는다.

---

16 교회를 미혹하려 하는 거짓 예언자들과 교사들에 관한 신약의 다른 경고들을 보려면 마 7:22-23; 행 19:13-16; 고후 11:3; 갈 1:7; 2:4; 6:12; 빌 3:17-19; 살전 5:3; 살후 2:2; 딤전 4:1; 딛 1:10; 벧후 2:1-3; 요일 4:1-6; 요이 7; 계 2:2을 참고하라. 또한 디다케 16:4도 참고하라.

17 Morna D. Hooker, *The Gospel According to Saint Mark*, BNTC (Peabody, MA: Hendrickson, 1991), 307-8; Beasley-Murray, *Jesus and the Last Days*, 391; Adela Y. Collins, "The Eschatological Discourse of Mark 13," in *The Four Gospels*, ed. F. van Segbroeck et al., BETL (Leuven: Leuven University Press, 1992), 1132.

하지만 그러한 거짓 메시아들의 출현은 제자들을 혼란스럽게 하
는 이유가 되어서는 안 되고, 거짓 메시아들의 출현이 성전 멸망이 가
까이 왔음을 나타내거나 그들의 출현이 성전 멸망을 표시하는 **징조**라
고 제자들이 생각하게끔 해서도 안 된다. 1세기에 이스라엘에서 수많
은 거짓 메시아가 출현했음을 우리는 알고 있다. 1세기 초에 드다와
갈릴리의 유다가 있었다(행 5:37; *Ant.* 17.271; *J.W.* 2.56). 또한 페레아
의 시몬(*Ant.* 17.273-77; *J.W.* 2.57-59)과 유대의 아트롱게스도 있었다
(Athronges of Judea; *Ant.* 17.278-84; *J.W.* 2.60-65). 기원후 70년 바
로 전에는 가장 잘 알려진 갈릴리 유다의 아들 므나헴(*J.W.* 2.433-48)
과 기샬라의 요한(*J.W.* 2.585-89; 4.121-27) 그리고 시몬 바기오라(*J.W.*
4.503-44; 4.556-83)가 있었고, 이들 외에도 많은 산적이 있었다.[18] 거
짓 메시아들과 예언자들을 주의하라는, 예수가 제자들에게 주신 경고
는 원래의 삶의 정황에서뿐만 아니라 함축적으로도 마가와 그의 독
자들의 시대와 정황에 필요했었고, 불행히도 그 이후의 그리스도인
들에게도 계속 적절한 것이었다. 이 본문에서 마가가 의도한 의미를
이해하려는 우리의 목적에서 볼 때 중요한 것은, 다가올 성전과 예루
살렘의 멸망에 관해 예수가 그의 제자들에게 주신 명령을 마가가 기
록하고 있음을 기억하는 것이다(13:2, 4). 제자들은 그러한 거짓 메시
아들의 출현을 예루살렘의 멸망이 바로 임박했음을 나타내는 것으로
오인하면 안 되었다.

---

18 *J.W.* 6.281-87을 보라. 이외의 메시아적 인물들에 대해서는 Evans, *Mark 8:27-
    16:20*, 306, 425-26을 보라.

두 번째 비(非)전조: 전쟁과 자연재해의 발발(13:7-8)

성전과 예루살렘의 임박한 멸망의 전조가 아닌 것 두 번째는 전쟁 및 자연재해와 관련된다. 이것은 13:7에서 "~때에"(hotan)라는 말과 함께 등장하는데, 이는 13:4에서 제자들이 질문한 두 번의 "때"에 관한 논의("어느 때에[pote] 이런 일들이 있겠사오며 이 모든 일이 이루어지려 할 때에[hotan] 징조가 무엇이겠습니까?")를 부정적으로 이어 나간다. 이것은 제자들에게 예루살렘의 멸망이 임박했다는 징조가 아닌 다른 일들에 관해 경고한다. 13:11에 나오는 두 번째 "때"(hotan)는 예루살렘 멸망의 세 번째 비(非)전조를 등장시킨다. 전쟁과 자연재해는 마지막 때에 관한 예언적 묘사에서 자주 발견된다. 기근 및 질병과 함께 그것들은 주의 날에 관한 예언자적 예언의 레퍼토리를 이룬다.[19] 13:7을 어떤 특정한 전쟁, 예컨대 예루살렘의 멸망으로 귀착될 유대인들과 로마군 간의 다가올 전쟁을 지칭하는 것으로 해석할 수 있는 근거는 없다.[20] 복수형인 "전쟁들"은 이것이 일반적인 진술임을 나타내며, 이는 민족이 민족을 나라가 나라를 대적하여 일어나겠고 곳곳에 지진과 기근이 있을 것이라고 언급하는 13:8에 의해 분명해진다.[21]

---

19 Beasley-Murray, *Jesus and the Last Days*, 394.

20 이는 Collins, "Eschatological Discourse," 1133에 반대하는 것이다. 또한, 예루살렘 멸망 전에 있을 일들을 묘사한 13:7에서나, 멸망 후에 있을 일들을 묘사한 것으로 보이는 13:8에서 주요한 전환이 이루어진다고 주장할 근거는 없다(Moloney, *Mark*, 255에 반대).

21 이러한 용어들이 나오는 구약 본문의 예로는 사 19:2; 렘 51:24-58; 대하 15:6을 참고하라. 또한 에스드라2서 9:1-6; 13:29-32; 「유다의 유언서」 22:1; 「에녹1서」 99:4; 「시빌의 신탁」 3:635-36; 「희년서」 11:2; 「바룩의 묵시록」 70:2-8도 참고하라.

이 모든 것에서 마가는 하나님이 역사를 주권적으로 다스리심을
강조한다. "민족이 민족을 대적하여 [일어날 것이고]"라는 표현은 아
마도 "신적 수동태"로서 "하나님께서 민족이 민족을 대적하여 일어
나게 하실 것이다"라는 의미일 것이다.[22] 신적 수동태는 경건한 유대
인들이 하나님의 신성한 이름을 사용하는 것을 피하려고 자주 사용
했다.[23] 역사를 통할하는 하나님의 주권은 13:7b에 나오는 "이 일이
반드시[dei] 일어나야만 하겠으나"라는 언급을 통해서도 강조된다.[24]
유사하게 13:10의 "반드시"(dei) 역시 같은 점을 나타낸다. 비록 전쟁
과 자연재해들이 일어나야만 하겠으나, 그것들은 끝을 나타내는 징
조가 아니다. 그것들은 일어나야만 하지만, "아직 끝은 아니다"(13:7).
"끝"(telos)이라는 용어가 정확히 무엇을 지칭하는가 논의됐다. 이것은
그 자체로 한 가지 의미만을 지니는 기술적 용어가 아니다. 구체적 의
미는 저자가 부여한 문맥 안에서 그것이 어떻게 사용되었는지에 의
해 결정된다. 어떤 이들은 그것이 13:12에 나오는 것과 같은 육체적

---

22 Joel Marcus, *Mark 8-16: A New Translation with Introduction and Commentary*, AYB (New Haven, CT: Yale University Press, 2009), 877.

23 Robert H. Stein, *The Method and Message of Jesus' Teachings*, rev. ed. (Louisville: Westminster John Knox, 1994), 63-65을 보라.

24 R. T. France는 *The Gospel of Mark*, NIGTC (Grand Rapids: Eerdmans, 2002), 512에서 13:8에 나오는 미래 수동 시제들과 13:7b에 나오는 "이 일이 반드시 일어나야만 한다"는 언급이 같은 점, 즉 하나님이 감독하신다는 점을 나타낸다고 말한다. 역사는 미쳐 돌아가지 않았다. 참고. Ben Witherington III, *The Gospel of Mark: A Socio-Rhetorical Commentary* (Grand Rapids: Eerdmans, 2001), 343-44; John R. Donahue and Daniel J. Harrington, *The Gospel of Mark*, SP (Collegeville, MN: Liturgical Press, 2002), 369.

죽음을 가리킨다고 주장하나, 13:7에서 아직 육체적 죽음("끝")이 오지 않았다고 주장하고선 이어지는 13:9-13에서는 핍박과 육체적 죽음을 경고하는 것은 이상한 일이다. 다른 견해는 그 단어가 13:6-7에 나오는 거짓 메시아들과 예언자들의 주장을 가리킨다고 보는데, 그들이 끝이 이르렀다고 주장했을 거라 보는 것이다.[25] 이 해석의 약점은 거짓 메시아들과 예언자들의 주장 속에 13:6-7에서 구체적으로 언급되지 않은 점이 포함되어 있다고 가정해야만 한다는 점이다. "끝"에 관한 좀 더 일반적인 해석은 그것이 인자의 재림을 통해 하나님 나라가 온전히 확립되는, 역사의 종말을 가리키는 것이라고 보는 것이다(참고. 13:24-27, 32-37). 이 해석에 반하는 사실은 13:1-7에 재림에 관한 아무런 구체적 언급도 나타나지 않았다는 점이다. 사실 13:5과 13:23의 수미상관으로 구별된 13:5-23의 담화 어디에도 재림에 관한 구체적 언급이 나타나지 않는다. 재림에 관한 첫 번째 명확한 언급은 13:24-27에서 발견되는데, 이는 "그때에, 그 환난["고난", NRSV] 후에"라는 말로 시작된다. "아직 끝은 아니니라"(13:7)라는 말씀에서 "끝"이 지시하는 바에 대한 가장 자연스러운 해석은 그것이 제자들이 질문한 바요(13:4) 그에 대해 예수가 13:5-23에서 대답한 바, 성전의 멸망을 가리킨다고 보는 것이다. 이런 해석은 13:5-6과 13:7-8이 성전의 멸망을 나타내는 징조가 아닌 것을 묘사한다는 사실에 의해 더욱 지지된다. 그것들이 "아직 끝은 아니라"는 표현은

---

25 Beasley-Murray, *Jesus and the Last Days*, 396.

임박한 예루살렘 멸망의 비(非)전조로 기능한다.[26] 주목해야 할 점은 13:5-13에서 제시된 잠재적 **징조**들은 모두 복수형이지만, 제자들의 질문은 이 모든 일이 일어날 때 있을 "**그 징조**"(단수형)와 관련된다는 점이다! 그 **징조**가 나타날 때 그것은 단일 사건, 즉 멸망의 가중한 것의 출현이 될 것이다.

예수는 전쟁과 전쟁의 소문이 끝, 즉 성전의 멸망을 나타내는 것이 아니라고 제자들에게 말씀하며 전쟁과 지진 및 기근이 단지 "산고(産苦)의 시작"일 뿐이라고 말씀하신다(13:8b). "산고의 시작"(archē ōdinōn)이라는 표현이 뜻하는 바가 정확히 무엇인지는 분명치 않다. 마가가 복음서를 쓸 당시 이 표현은, 후대 랍비 사상에서 발견되며 메시아 도래에 선행할 고난을 가리키는 기존의 전문 용어가 아니었다.[27] 이 표현이 13:8b에서 가지는 역할은 명확하지 않다. 어떤 이들은 그 것이 13:7-8에 묘사된 사건들이 가지는 의의를 최소화하려는 것이라고 주장한다. 이 일들은 다가올 성전과 예루살렘 멸망의 이른 전조들일 뿐, 그 대단원으로 이해되어서는 안 된다는 것이다.[28] 다른 이들은 이것이 13:7-8에 묘사된 사건들을 강조하는 것이라고 보며, 이 일들이 정말로 종말에 앞선 진통의 시작이라 지적한다.[29] 그리스어 본

---

26 13:7에 나오는 끝과 13:17에 나오는 끝이 서로 다른 의미를 나타낸다는 것은, 대부분의 단어가 여러 가능한 의미로 이루어진 의미론적 영역을 가지고 있다는 사실과 한 단어의 뜻이 저자에 의해 그 단어에 주어진 문맥으로 결정됨을 보여주는 좋은 예이다.

27 France, *Mark*, 509, 512-13.

28 Beasley-Murray, *Jesus and the Last Days*, 397이 이 견해를 취한다.

29 Marcus, *Mark 8-16*, 878.

문 자체는 두 해석 다 허용한다. 앞서 논증된 것처럼 13:5-13의 문맥
이 다가올 예루살렘 멸망의 비(非)전조들이 무엇인지를 밝히려는 것
이라면, 13:7-8의 사건들이 지니는 의의를 최소화하는 전자의 해석
이 이 문맥에 더 잘 들어맞는다. 또한 이는 예루살렘 멸망에 선행할
진짜 징조(멸망의 가증한 것의 출현)는 나중에 드러난다는 사실로 더 지
지를 얻는다(13:14). 구약에서 "산고"의 은유는 한 성의 멸망에 앞선
환란을 자주 묘사하는 데 사용되었고, 그렇게 가장 자주 언급된 성이
예루살렘이다(렘 4:31; 6:24; 22:23; 30:6; 사 26:17; 미 4:9-10). "산고"라
는 은유가 다가올 멸망을 묘사하는 데 사용된 또 다른 두 성은 바벨
론(사 13:8; 21:3; 렘 50:43)과 사마리아다(호 13:13).[30] 종말에 선행하
는 메시아적 재난을 묘사하는 데 이 표현을 사용한 것은 마가가 활동
한 시기 이후로 보인다. "산고"라는 표현이 성의 멸망과 가장 빈번히
연관되고, 13:1-23의 어떤 것도 메시아의 재림을 분명하게 지칭하지
않는다는 점으로 미루어볼 때, 이 표현을 13:2에서 예수가 예언했고
13:4에서 제자들이 질문했으며 13:5-23에서 그 이중 질문에 대해 예
수가 대답하신바 예루살렘 멸망과 연관하여 해석하는 것이 최선이다.

세 번째 비(非)전조: 믿는 자들의 선교와 핍박(13:9-13)

임박한 예루살렘 멸망의 세 번째 비(非)전조는 이 강화에서 두 번째
나오는 "조심하라"(blepete, 참고. 13:5, 23. 이 두 구절에서는 "주의하라"라

---

30 Timothy C. Gray, *The Temple in the Gospel of Mark: A Study in Its Narrative Role* (Grand Rapids: Baker, 2010), 118.

고 번역됨)와 함께 소개된다. 이 표현은 그들이 마주할 박해와 관련하여 제자들에게 주어진 경고 및 권고의 역할을 한다. 이 구절은 예수의 제자도에 수반되는 것에 관한, 8:34-38(4:17; 6:11; 10:30도 참고하라)에 기록된 예수의 이전 교훈을 구체화한 것이다. 예수가 제자들에게 한 격려는 "레프트 비하인드"(left behind) 신학이 가르치는 바와 같이 그들이 박해와 고난에서 벗어나 "휴거 될"(raptured) 것이라는 게 아니다.[31] 그것은 오히려 그러할 때에 성령이 함께하셔서 지혜를 주시고 격려하신다는 것이다(13:11). 더불어 예수는 "끝까지 견디는 자는 구원을 받으리라"(13:13)고 약속하는데, 이는 "누구든지 [예수]와 복음을 위하여 자기 목숨을 잃으면 구원할 것"이기 때문이다(8:35). 마가의 독자들은 제자들이 겪을 고난에 관해 잘 알고 있었을 것이다. 왜냐하면 그들은 제자들과 예수를 따르는 이들이 겪었던 다양한 박해에 관해 알고 있었고(참고. 행 4:1-22; 5:17-18, 27-42; 6:3-7:60; 8:1-3; 9:1-2, 13-16, 23-24; 12:1-5; 14:18; 16:19-40; 18:12-17; 22:30-23:10; 24:1-27; 25:1-12) 또한 그들 자신이 박해를 경험했기 때문이다.[32]

13:9에 묘사된 박해들은 두 개의 다른 근원에서 유래한다. 하나는

---

31 "레프트 비하인드" 신학에 대한 흥미로운 비판은 Benjamin L. Merkle, "Who Will Be Left Behind? Rethinking the Meaning of Matthew 24:40-41 and Luke 17:34-35," *WTJ* 72 (2010), 169-79을 보라. Merkle은 데려감("휴거 됨")이 심판으로 이끌려감과 관련되며, 남겨짐은 심판에서 구원받음과 관련된다고 주장한다.

32 만약 마가복음이 60년대 후반 혹은 70년대 초에 로마에 있는 교회를 위해 쓰였다면, 마가복음의 독자들은 네로 치하에서 끔찍한 박해를 경험했을 것이다. 복음서가 집필된 때를 더 이른 시기로 잡지 않는다면, 설사 마가복음이 로마교회를 위해 쓰이지 않았다 하더라도 그들은 그 박해에 관해 들었을 것이다.

종교적인 것으로서 서로 관련된 두 유대 제도에서 오는 것이고, 다른 하나는 비종교적인 것으로서 서로 관련된 두 통치 근원에서 오는 것이다. 첫 번째 것은 재판과 처벌을 위해 공회(*synedria*)에 넘겨지고 회당(*synagōgas*)에서 매질당하는 것이다. 전자는 예루살렘의 산헤드린과는 구별되는 지역 유대 공동체의 공회들을 포함한다.[33] 그러한 공회가 마태복음 10:17(공회들, 즉 복수임을 유의하라)과 5:22(지역 유대 공회)에서 언급된다. 사도들이 예루살렘의 산헤드린에서 받은 처벌은 사도행전 5:27-42, 6:8-7:60에 언급된다. 제자들이 받을 재판과 처벌의 유대적 근원 두 번째는 지역 회당이다. 고린도후서 11:24-25에 언급된 바울이 당한 매질은 아마도 지역 회당의 지도자들에 의해서 집행되었을 것이고, 사도행전 22:19에서 바울은 본인이 회심 전 회당에서 그리스도인들에게 그러한 처벌을 가했음을 언급한다: "각 회당에서 내가 [예수를] 믿는 사람들을 가두고 때리고." 마가가 여기서 유대인들의 공회와 회당을 두려워할 이유가 전혀 없는 그의 이방인 독자들을 향해 말하고 있는 것이 아님은 분명하다. 반대로 그는 독자들에게, 예수가 베드로, 야고보, 요한, 안드레 및 그의 유대인 제자들이 유대인들의 공회와 회당으로부터 받을 박해에 관해 이야기하셨던 내

---

33 비록 Douglas R. A. Hare는 *The Theme of Jewish Persecution of Christians in the Gospel According to St. Matthew*, SNTSMS 6 (New York: Cambridge University Press, 1967), 101-4에서 이 공회들이 아마도 유대인의 공회들이 아닐 거라고 주장하지만, "공회들[막 13:9에서와 같은 단어]"과 "그들의[강조 첨가] 회당들에서" 제자들이 받을 채찍질을 언급하는 마 10:17의 병행 구절을 거부함으로써만 그렇게 주장할 수 있다.

용을 전해주고 있다. 거울 독법은 여기에 들어맞지 않는다. 그런데도
마가의 독자들이 예수를 위해 고난받을 준비를 해야 한다는 뜻이 함
축되어 있음은 자명하다.

짝을 이루는 두 번째 박해의 근원은 권력자들(hēgemonōn)과 임금
들(basileōn)에게 넘겨지는 것과 관련된다. 여기서 우리는 제자들이
권력자들(행 18:12-17에 나오는 갈리오; 행 23:23-24:27에 나오는 벨릭스;
행 24:27-26:32에 나오는 베스도)과 임금들(행 25:13-26:32에 나오는 아그
립바 2세) 앞에 서는 것을 생각하게 된다. 여기서 전제된 바는 그러한
재판들이 악행에 기인한 것이 아니라(벧전 4:14-16) 그리스도인이라
는 이유, 즉 "나로 말미암아"(13:9; 참고. 13:13)라는 것이다.

그러한 고난은 "그들에게 증거" 노릇을 할 것이다(13:9). 이것은 긍
정적인 의미로 "그들에게 증거"가 된다고 해석될 수도 있고, 부정적인
의미로 "그들을 거스르는 증거"라고 해석될 수도 있다. 마가복음 다
른 곳에서 동일한 표현이 두 번 더 나오는데, 6:11에서는 부정적으로,
1:44에서는 긍정적으로 사용되었다. 13:9의 근접 문맥은 여기서 긍
정적인 해석을 지지하는데, 이 고난의 결과로 복음이 만국에 전파될
것이기 때문이다. 비록 권력자들과 임금들이 의도한 바가 아님은 분
명하지만, 그리스도인들이 당한 박해는 그런 예기치 못한 선한 결과
를 가져왔다.[34] "증거가 되려 함이라"라는 표현에 사용된 전치사 eis는
이 박해의 결과를 나타내는 것으로 해석될 수 있고 아니면 원인을 나
타내는 것으로 해석될 수도 있다. 후자로 해석하면 궁극적으로 하나

---

34 테르툴리아누스를 인용한 유명한 문구, "순교자들의 피가 교회의 씨앗이다"를 유의하라.

님께서 그런 박해를 온 세상에 복음을 전파하는 수단으로 삼으셨음을 나타낼 것이다. 전자로 해석하면 궁극적으로 하나님께서 일하셔서 그런 박해들로 선을 이루게 하셨음을 나타낼 것이다(롬 8:28).

　마가복음 13:10은 다수 학자에 의해 복음서 저자가 본문에 삽입한 편집상의 주석으로 간주된다.[35] 그 이유 중 하나는 이 구절이 13:9-13의 논증을 방해한다는 것이다. 그것이 생략되어도 아무런 문제가 없고, 13:11이 자연스럽게 13:9 다음에 이어진다. 문체나 어휘 역시 매우 마가적이다. "복음"(euangelion)이란 용어가 마가복음에서 일곱 번 나오는데(1:1, 14-15, 8:35; 10:29; 13:10; 14:9), 전부는 아니라 할지라도 대부분이 마가가 전승에 삽입한 것으로 보인다. "먼저"(prōton)라는 용어는 **무엇보다 먼저** 복음이 전파되어야만 하느냐는 질문을 일으킨다. 그것은 "먼저, 너희가 체포되기 전에, 복음이 만국에 전파되어야 할 것이니라"라고 해석될 수 있다. 하지만 이런 해석은 13:2과 13:4이 제공한 문맥과 13:5-23에서 예수가 예루살렘의 멸망이 **언제** 닥칠지, 또 그에 선행하여 그것이 임박했음을 나타낼 **징조**가 무엇일지 묻는 제자들의 질문에 답한 바를 놓치고 있다. 인자의 재림이 마가복음 13장의 이 지점에 이르도록 언급되지 않았고 이후 13:24-27과 13:32-37에 가서야 비로소 언급될 것이므로, 마가가 "먼저"를 "[그러나 인자의 재림 이전에] 복음이 먼저 만국에 전파되어야 할 것

---

35 Vincent Taylor, *The Gospel According to St. Mark* (London: Macmillan, 1952), 507; Hooker, *Mark*, 310; Evans, *Mark 8:27-16:20*, 310; Stein, *Mark*, 600; Marcus, *Mark 8-16*, 883.

이니라"라는 뜻으로 이해되도록 의도했다고 생각할 수도 없다. 따라
서 시간을 나타내는 "먼저"를 "[그러나] 먼저 [예루살렘의 멸망 전에]
복음이 만국에 전파되어야 할 것이니라"로 해석하는 것이 최선이다.

복음이 만국에 전파되어야 한다는 주제는 신약 여러 곳에서 발견
된다.[36] 그 일은 이미 예수의 사역 동안에 일어나고 있었다(5:1-20;
7:24-31; 참고. 3:8; 11:17; 14:9; 참고. 마 28:19-20). 어떤 의미에서 바울
은 이 일이 이미 자신의 사역으로 성취된 사실이라 간주했고, 그래
서 그는 복음이 "이제는 나타내신 바 되었으며…모든 민족에게 알게
하신 바 되었다"(롬 16:26)라고 말하며, 또한 복음이 "온 천하에서 열
매를 맺어 자란다"라고 말할 수 있었다(골 1:6; 또한 골 1:26; 롬 1:5, 8;
10:18; 15:19, 23도 참고하라). 기억해야 할 것은 마가가 13:10을 통해
뜻한 바를 이해하려 할 때 이 구절에 "미전도 종족"과 같은 오늘날의
선교학적 언어를 가지고 들어와 13:10을 이해하려 해서는 안 된다
는 것이다. 마가에게 "만국"은 로마 제국과 그 주변국들을 뜻했고,
마가가 그의 복음서를 쓸 무렵에는 어떤 의미에서 복음이 이미 모든
나라에 알려졌다.[37]

자신 때문에 재판에 끌려온 이들에게(13:9) 예수는, 성령이 함께하
여 지혜를 주시고 그들을 변호할 말도 주시리라 약속하신다(13:11).
이는 베드로와 요한이 "학문 없는 범인"임에도 불구하고(행 4:13) "성

---

36 구약에서 발견되는 이방인 선교에 대한 관심을 보려면 특히 사 42:6-7; 49:6, 12;
   52:10; 56:1-8; 60:1-16; 시 96을 참고하라. 또한 성전의 일부가 이방인의 뜰을 포
   함했다는 점을 기억해야 한다.
37 France, *Mark*, 516-17.

령이 충만하여"(행 4:8) 재판받을 때 지혜롭고 능력 있게 말함으로 종
교 지도자들을 놀라게 했던 일을 상기시킨다. 또한 이는 하나님께
서 모세를 능하게 하사 그로 바로 앞에서 말하게 하신 일과(출 4:10-
17) 예언자 예레미야로 사역할 수 있는 역량을 갖추게 하시며(렘 1:6-
10) 사도행전에 나온 믿는 자들이 성령이 충만하여 여러 경우에서 담
대히 말했던 일을 떠올리게 한다(예. 행 2:14-17; 4:8, 31; 6:8-10; 7:55;
8:29-35; 13:9-10). 배운 것이 없고 미약한 대부분의 교회(고전 1:26)에
게 이 약속은 그들이 권세 있는 재판관들과 지도자들 앞에서 그들 자
신을 변호할 때 홀로 서지 않을 것이라는 격려와 확신을 주었다. 성령
께서 함께하사 그들이 무슨 말을 해야 할지 지도하실 것이다. 그러므
로 그들은 그러한 상황에 대해 염려할 필요가 없다.[38]

이 단락의 마지막 두 구절에서 핍박은 공포의 최고조에 다다른다.
예수는 제자들이 적대적인 공회 및 회당과 권력자들 및 임금들을 대
면하고 매질을 당할 뿐만 아니라, 그들 자신의 가족에게서 오는 적대
를 경험할 것이라고 경고한다. 형제가 서로를, 부모가 자식을, 자식
이 부모를 적대하는 일이 점증하는 모습으로 그려지고 있다. 여기서
묘사된 바는 한 가족 구성원이 다른 가족 구성원을 살해하는 것이 아
니라, 믿지 않는 가족 구성원에 의해 믿는 가족 구성원이 배신당하여

---

38 Taylor, *Mark*, 508은 이 구절에서 금지된 바가 무엇을 말해야 할지 생각하지 말라
는 것이 아니라 그에 대해 염려하지 말라는 것이라는 점을 옳게 지적한다. 또한 이
약속이 복음을 선포하는 사역과 관련하여 설교자들에게 주어진 약속이 아님을 유의
해야 한다. 오히려 이 약속은 예수 그리스도를 믿는 믿음 때문에 재판을 받고 순교
당할 수도 있는 이들에게 주어진 것이다.

적대적인 당국에 넘겨짐으로써, 결과적으로 믿는 자가 죽음에 이르게 됨을 나타내는 것이다(마 10:21; 10:34-39/눅 12:52-53).[39]

예수는 그 결과 "너희가 내 이름으로 말미암아 모든 사람에게 미움을 받을 것이다"라고 말씀하신다(13:13; 참고. 요 15:18-19). 마가가 뜻하는 바는 아마도 모든 사람이 예수를 좇는 이들을 미워하리라는 것이 아니라, 모든 사회 구성원이 그리한다는 뜻일 것이다. 지배자이든 피지배자이든, 교육받은 이든 교육받지 못한 이든, 글을 읽을 줄 아는 이든 문맹자든, 강자든 약자든, 재판관이든 범죄자든 상관없이, 그들 자신의 가족마저도 "그리스도인"이라는 이름을 가진 이들을 미워할 것이다.[40] 그러한 큰 적대 그리고 평화로운 삶이 가망 없어 보이는 흐린 전망에도 불구하고, 예수는 마가복음 13:9-13을 "끝까지 견디는 자는 구원을 받으리라"는 약속으로 마무리한다. 13:7에서는

---

39 그러한 상호 파괴적인, 가족 내 적대 행위를 보여주는 구약의 예로는 사 19:2; 겔 38:21; 미 7:6을 보라. 마가 당시의 유대 문헌에 나온 다른 예들은 Evans, *Mark 8:27-16:20*, 312을 참고하라. 유대교로 개종한 이방인이 그의 가족으로부터 겪은 유사한 경험이 「요셉과 아스낫」 11:4-6에서 발견된다: "모든 사람이 나를 미워하게 되었고, / 게다가 나의 아버지와 나의 어머니까지도 그리되었는데, / 왜냐하면 나 역시 그들의 신들을 미워하게 되었기 때문이다.… / 그래서 나의 아버지와 나의 어머니와 나의 온 가족이 / 나를 미워하게 되었고 그들은 '아스낫은 우리 딸이 아니니 / 그녀가 우리의 신들을 파괴했기 때문이다'라고 말했다. / 그리고 모든 사람이 나를 미워한다.… / 그리고 이제 이런 나의 굴욕 가운데 모두 나를 미워하(게 되었)고, / 이런 나의 고통을 만족스럽게 바라본다." James H. Charlesworth, ed., *The Old Testament Pseudepigrapha*, ABRL (New York: Doubleday, 1985), 2:218.

40 "그리스도인"이라는 이름은 예수의 사역 이후에 생겼다(행 11:26). 막 13:13에서는 "내 이름으로 말미암아"라는 표현이 사용되었다. 마가복음의 다른 곳에서 우리는 "나로 말미암아"(13:9), "나와 복음을 위하여"(8:35), "나와 내 말을 부끄러워하면"(8:38)과 같은 표현을 만나게 된다.

"끝"(*telos*)이라는 용어가 예루살렘의 멸망을 가리키지만, 여기서는 한 인생의 끝을 가리킨다. 죽음에 이르기까지 신실하게 견디는 자들에게 예수는 영생이라는 선물과 하나님 나라에 들어갈 것을 약속하신다 (14:25).[41]

마가복음 13:14-20: 성전과 예루살렘의 임박한 멸망을 예고하는 멸망의 가증한 것의 징조와 유대로부터 도망하라는 경고

이 단락은 주제에 있어서나 문학적 측면에서나 앞 단락과 긴밀히 묶여 있다. 이 단락은 다가올 성전의 멸망에 관한 제자들의 질문에 대해(13:4) 예수가 하신 대답의 연장이다. 또한 이 단락은 세 번째 "때"(*botan*; 참고. 13:7, 11, 14)에 의해 13:5-13과 연결된다. 그러나 성전과 예루살렘의 멸망에 관한 예수의 가르침에 중대한 변화가 있다. 13:5-13에서 제자들은 거짓 메시아들의 출현과 전쟁 및 전쟁의 소문, 박해와 같은 여러 일을 예루살렘의 임박한 멸망의 "징조"로 오판하지 말도록 경고받았다. 그들은 이런 일들이 일어날 때, "두려워하지 말라"(13:7), "미리 염려하지 말라"(13:11)는 말을 들었는데, 이는 이런 일들이 "그 징조"가 아니기 때문이다.[42] 그들은 이제 반대로, 경고를

---

41 유사한 약속으로는 에스드라2서 6:25을 참고하라: "내가 너에게 미리 이야기한 모든 일 이후에까지 남아 있는 자는 누구나 구원을 받을 것이요, 나의 구원과 세상의 종말을 보게 될 것이다."

42 Eckhard Schnabel은 *40 Questions About the End Times* (Grand Rapids:

받아 "도망하라"는 말을 듣는다(13:14).[43] "이제까지는, '기다려라! 당
황하지 말라. 견디라!'는 메시지였다. 하지만 이제 행동을 취할 때가
왔다."[44] 더욱이 13:4에서 제자들이 물어본 그 징조가 이제 주어졌다.
곧 "서지 못할 곳에 선 [멸망의 가증한 것]"의 출현이다. 13:4에서 언
급된 단수의 징조와 대비되는 13:5-13에서 언급된 여러 사건과 달
리, 멸망의 가증한 것은 본질상 단수이며, 그 징조의 출현이 가지고
있는 시각적 성질(너희가 "보거든")은 강조된다.[45] 이어지는 구절들이
나타내듯(13:14b-16) 그에 대한 반응도 강조된다: "보거든…도망할지
어다." 멸망의 가증한 것의 출현 장면 역시 이례적이다. 그 일은 "그가
서지 말아야 할 곳", 즉 수전절이 가르쳐주듯, 예루살렘 성전에서 일
어난다. 이 징조는 전쟁과 전쟁의 소문이 들려 오는 먼 곳도, 그리스

Kregel, 2011), 31-43에서 예수가 이 세대의 종말을 예고하는 열한 가지 징조를 언
급했다고 주장한다. 마태복음 24장에 대한 그의 해석을 주된 기반으로 하여 그가 주
장한 열한 가지 징조들은 (1) 미혹, 거짓 메시아들, (2) 전쟁, 전쟁의 소문, 국제적 불
안, (3) 기근, (4) 지진, (5) 박해, (6) 거짓 예언자들, (7) 불의, 사랑의 결핍, (8) 복음
이 만국에 전파됨, (9) 예루살렘의 멸망, (10) 거짓 메시아들, 거짓 예언자들, 그리고
(11) 예수의 재림이다. 하지만 마가복음 13장에서 언급된 유일한 징조는 13:4에서
질문되고, 13:14에서 묘사된 "그" 징조뿐이며, 이것은 세상의 종말이 아니라 성전과
예루살렘의 종말에 관한 것이다(13:7). 그러나 Schnabel도 아홉 번째 징조인 성전
의 멸망이 기원후 66-70에 임했다는 데 동의한다.

43 Adela Y. Collins, "The Apocalyptic Rhetoric of Mark 13 in Historical Context,"
   Biblical Research 41:21.

44 Hooker, *Mark*, 313; 또한 Adela Y. Collins, *Mark: A Commentary*, Hermeneia
   (Minneapolis: Fortress, 2007), 607도 참고하라.

45 Hengel, *Studies in the Gospel of Mark*, 19. 또한 13:4a에 나오는 멸망의 가증한
   것의 출현이 13:5-13에 나오는 일련의 사건들이 아닌, 특정한 사건을 가리킨다는
   점을 지적한 Hooker(*Mark*, 302, 313)도 참고하라.

도인들이 만국에 복음을 전파하며 공회 및 회당과 권력자들 및 임금
들 앞에 서야 할 곳도 아닌, 바로 예루살렘 성전에 나타날 것이다.

　"읽는 자는 깨달을진저"라는 삽입구는 마가가 그의 독자들을 위해
전승에 삽입한 것으로 이해하는 것이 최선이다.[46] 이런 유의 삽입구
를 첨가하는 것은 1:34d, 2:10, 3:30, 7:11, 19에서 보듯이 마가의 특
징 중 하나다. "읽는 자"라는 언급(예수의 제자들은 듣는 자들로 언급되었
을 것이다)과 이인칭 복수형("제자들")이 아닌 삼인칭 단수형("읽는 자")
을 사용한 점은 이를 제자들을 향해 예수가 하신 말씀으로 해석하
려는 시도들을 설득력 없게 한다.[47] 예수가 실제로 삼인칭을 사용하
여 그의 제자들이나 청중들에게 이야기할 때에는 "들을 귀 있는 자는
들으라"는 표현이나 그 변형을 사용하셨다(막 4:9, 23; 8:18; 마 11:15;
13:9, 15[2번], 16, 43; 눅 8:8; 9:44; 14:35; 또한 계 2:7, 11, 17, 29; 3:6, 13,
22; 13:9도 참고하라). 마가복음 13:14과 그 병행구인 마태복음 24:15
을 제외하고 신약에서 유일하게 "읽는 자"가 언급된 곳은 요한계시록

---

46 이렇게 해석하는 이들로는 특히 William L. Lane, *The Gospel According to Mark*, NICNT (Grand Rapids: Eerdmans, 1974), 467; Hooker, *Mark*, 314; Adela Y. Collins, *The Beginning of the Gospel: Probings of Mark in Context* (Minneapolis: Fortress, 1992), 85-86; Collins, "Apocalyptic Rhetoric," 22, 25; Evans, *Mark 8:27-16:20*, 320을 보라.

47 이는 Brant Pitre, *Jesus, the Tribulation, and the End of the Exile: Restoration Eschatology and the Origin of the Atonement* (Grand Rapids: Baker, 2005), 309-13의 의견에 반대하는 것이다. 하지만 Robert Fowler가 *Let the Reader Understand: Reader-Response Criticism and the Gospel of Mark* (Minneapolis: Augsburg, 1991), 83에서 일반적 합의를 요약한 것과 대조해보라: "이 삽입구는 예수의 진술로서는 이해가 되지 않는다."

1:3이다.

마가가 "읽는 자"라 한 이가 누구인가에 관해 두 가지 가능성이 제기된다. 하나는 마가복음의 독자들에게 큰 소리로 복음서를 읽어 줄 특정 개인을 가리킨다는 가능성이다. 다른 하나는 "읽는 자"가 복음서를 받을 수신인, 즉 복음서 저자가 복음서를 쓴 대상인 특정한 기독교 공동체를 가리킨다는 가능성이다. 후자가 더욱 개연성이 있다. 왜냐하면 마가는 그의 복음서를 낭독할 특정한 개인을 위해서가 아니라 그가 의도한 바 그의 대상 청중을 위해 복음서를 썼기 때문이다. 이 "청중들"이 사실상 복음서의 "독자들"일 것이다. 여기서 사도행전 15:31과 비교해 볼 필요가 있는데, 그 구절은 기독교 공동체가 예루살렘에서 온 편지를 "읽고" 기뻐했다고 말한다. 의심할 여지 없이 그 편지는 그들에게 읽혔을 것이고 그들은 분명 그 내용을 "들었을" 텐데도 말이다. 유사한 경우를 고린도후서 1:13에서도 찾을 수 있다. 거기서는 고린도교회가 바울의 이전 편지를 "읽고" 알았다고 언급된다. 의심할 여지 없이 그들 역시 바울의 편지가 그들에게 읽히는 것을 "들었을" 텐데도 말이다. 에베소서 3:4에서 바울의 청중들은 그 편지를 "읽는" 것으로 언급된다: "너희가[복수] 그것을 읽으면". 골로새서 4:16에서 바울은 골로새 교인들에게 라오디게아에서 온 편지를 읽으라고 말한다. 그러므로 13:14에 나오는 독자를 향한 말씀은, 복음서가 읽히는 것을 듣는 이들에 의해 실제로 복음서를 낭독하는 이뿐만 아니라 자신들에게도 향한 말씀으로 이해되었을 것이다. 따라서 복음서를 "듣는" 이들은 사실상 마가의 복음서를 "읽는 이들"이었다.

마가의 독자들/청중들이 무엇을 깨달아야 하는지에 대해 논쟁

이 있다. 어떤 이들은 그것이 독자들에게 멸망의 가증한 것이 다니엘 9:27, 11:31, 12:5-13에 묘사된 바와 유사할 것이라는 점을 환기한다고 주장한다. 다른 이들은 독자들이 남성형 분사("선", standing)가 사용되어 중성 명사인 "멸망의 가증한 것"을 꾸미고 있다는 점, 그래서 멸망의 가증한 것이 사물이 아니라 사람임을 가리키고 있음에 주목해야 함을 의미한다고 주장한다.[48] 또 다른 주장은 독자들이 멸망의 가증한 것을 다니엘서에 비추어 해석할 뿐 아니라 더 나아가 마카베오상 1:20-4:61과 마카베오하 6:1-10:8에 기록된 기원전 167년에 출현한 멸망의 가증한 것에 비추어 해석해야 한다고 마가가 말하고 있다는 주장이다.[49]

"멸망의 가증한 것"이라는 표현이 오늘날의 그리스도인 독자들에게는 다소 모호하게 들리겠지만, 예수의 제자들과 마가의 독자들 대부분에게는 그렇지 않았을 것이다. 다니엘서에 익숙한 이들은 이 표현이 그 책 여러 곳에서 발견됨을 알고 있었을 것이다: 9:27("또 포악하여 가증한 것이 날개를 의지하여 설 것이며 또 이미 정한 종말까지 진노가 황폐하게 하는 자에게 쏟아지리라"), 11:31("그들은…멸망하게 하는 가증한 것을 세울 것이며"), 12:11("멸망하게 할 가증한 것을 세울"). 마가의 독

---

48 Gundry, *Mark*, 742; 참고. Larry Perkins, "'Let the Reader Understand': A Contextual Interpretation of Mark 13:14," *BBR* 16, no. 1 (2006): 103n22: "13:14에 나오는 중성 명사를 남성형 분사로 꾸민다는 사실 때문에 예수가 독자들이 그 예언이 참으로 묘사하는 바가 무엇인지 이해하도록 경고하셨을 것이다."

49 Moloney, *Mark*, 259이 이러한 입장을 취한다. 또 다른 견해들은 Gray, *Temple in the Gospel of Mark*, 130-32을 참고하라.

자 대부분의 성경이었을, 70인역(LXX)이라 불리는 구약의 그리스
어 역본의 다니엘 12:11에 나오는 그리스어 표현은 마가복음 13:14
에서 사용된 것과 정확히 일치한다: *to bdelugma tēs erēmōseōs*.
우리는 다니엘 9:27에서 *bdelugma*와 복수형 *tōn erēmōseōn*을
발견하며, 다니엘 11:31에서는 *bdelugma erēmōseōs*를 발견하게
된다.

우리는 에스겔 8-9장에서 다가올 예루살렘의 멸망과의 흥미로
운 유사점을 보게 된다.[50] 그곳에서 이스라엘의 죄와 "가증한 일들"
이 다가올 기원전 587년의 예루살렘과 성전의 멸망 원인으로 묘사
된다. 성전이 더럽혀짐은 장차 바벨론과 느부갓네살 왕에 의해 저질
러질 일이 아니라 이스라엘의 가증한 행위들 때문으로 간주된다. 이
러한 가증한 행위들은 대규모 우상숭배(8:1-6)와 짐승에게 예배하
는 일(8:7-13), 메소포타미아의 생장(生長)의 신 담무스를 예배하는 일
(8:14-15)과 살인 및 불의(9:9)를 포함한다. 바벨론 사람들은 성전에
서 일어날 가증한 일들의 원인이기는커녕, 이스라엘의 가증한 일들
에 대한 하나님의 심판 도구가 될 것이다. 마찬가지로 예수도 이스라
엘 백성에게, 성전을 더럽힌 것(막 11:15-17), 하나님 아들의 오심을
거부한 것(12:1-12), 하나님 아들의 오심과 재앙의 날을 무시한 것(마
23:37/눅 13:34), 사람들의 삶을 힘들게 한 것(마 23:4), 종교적 기만
과 정의 및 자비는 무시한 채 사소한 종교적 의무에만 집중한 것(마
23:23), 종교적 위선(마 23:25-28) 등을 포함한 그들의 죄 때문에 성전

---

50 이 점은 나의 동료이자 친구인 Daniel Block 박사로 인해 주목하게 되었다.

이 멸망할 것이라고 예언하셨다. 기원전 587년에 성전을 더럽힌 것
은 이방 나라가 아니라 바로 이스라엘이었다. 마찬가지로 기원후 70
년에 성전을 더럽힐 것은 이방 나라가 아니라 또다시 이스라엘일 것
이다. 더 나아가 전자의 경우 바벨론이 예루살렘과 성전을 파괴함으
로써 하나님의 심판 도구 역할을 한 것처럼, 후자의 경우 로마가 하나
님의 도구가 될 것이다.

하지만 우리는 13:14에 나오는 멸망의 가증한 것과 에스겔 8-9
장에서 언급된 이스라엘의 "가증한 것들"(복수형)을 혼동해서는 안
된다. 한 가지 이유는 용어가 다르다는 데 있다. 에스겔 8:6(2번), 9,
13, 15, 17에서 사용된, **가증한 것**들에 해당하는 단어는 히브리어 성
경에서 *tô ʿēbôt*이고, 70인역에서는 *anomia*이다. 히브리어 성경 다
니엘서에서 "가증한 것"에 해당하는 단어는 *šiqqûṣ*이고, 70인역에서
는 *bdelugma*다. 또한 에스겔서에서 그 단어는 항상 복수형이지만,
다니엘 11:31과 12:11에 나오는 두 번의 주요한 언급에서는 단수형
이라는 점을 주목해야만 한다. 우리가 주목해야 할 가장 중요한 점은,
에스겔 8-9장에서 가증한 것들은 하나님께서 기원전 587년 바벨론
을 사용해 예루살렘을 심판하시는 원인이지만, 마가복음 13:14에 나
오는 멸망의 가증한 것은 하나님께서 기원후 70년 예루살렘을 멸망
시키는 원인이 아니라는 점이다. 오히려 그것은 다가올 심판이 임박
했음을 나타내는 **징조**다.

예수의 제자들과 마가복음의 유대인 독자들, 그리고 이후의 모든

엄격한 유대인들이 연례적으로 8일간 지키는 빛의 절기는[51] 기원전
164년의 성전 정화 및 재봉헌을 상기시킨다.[52] 이는 마카비 가문에
의해 이루어졌는데(마카베오상 4:36-59; 마카베오하 1:18), 그때로부터
삼 년 전 안티오코스 에피파네스가 성전을 더럽히고 모독했을 때 있
었던 멸망의 가증한 것이 제거됐다. 멸망의 가증한 것의 정확한 본질
이 무엇인지는 확실치 않다. 어떤 이들은 그것이 성전 내 번제단 위에
세운 제우스를 위한 번제단이라고 주장한다(마카베오상 1:54; 6:7). 다
른 주장으로는 그것이 번제단 위에 가증한 제물, 아마도 돼지를 제사
지낸 것과 관계된다는 주장이 있다(마카베오상 1:47, 59; 마카베오하 6:5;
또한 *Ant.* 12.254; *J.W.* 1.34도 참고). 또 다른 견해는 그것이 위의 두 가
지를 결합한 것이라고 주장한다. 기원전 167년에 있었던 멸망의 가
증한 것의 정확한 본질이 무엇이든 간에, 그것은 분명 유대교를 말살
하려는 안티오코스 에피파네스의 시도 중 일부로서, 소름 끼치고 신
성모독적인 행위였다(마카베오상 1:41-64). 예수의 제자들이 이해하는
"멸망의 가증한 것"은 에스겔 8-9장이나 다니엘 11-12장을 개인적
으로 연구해서 나온 것이 아니었다. 오히려 그것은 매년 팔일간의 하
누카, 즉 빛의 절기를 지키는 데서부터 오는 것이었다. 이는 마치 오

---

51 이 절기를 묘사하는 데 쓰인 많은 용어와 표현이 있다: (1) 수전절(마카베오상 4:56,
　59; 마카베오하 2:9, 19; 요 10:22); (2) 정화절(마카베오하 2:16, 18; 10:3, 5); (3) 초
　막절(마카베오하 1:9, 18); (4) 빛의 절기(*Ant.* 2.325; *b. B. Qam.* 6.6).

52 "마가 당시 모든 유대인은 안티오코스 에피파네스와 그의 신성모독적인 행위에 대
　해 알고 있었을 것이다: 수전절이 그것을 보증했다"(Beasley-Murray, *Jesus and
　the Last Days*, 219)

늘날 문맹률이 훨씬 낮은 사회에서조차 성탄절에 대한 이해가 마태복음 1-2장이나 누가복음 1-2장을 개인적으로 읽음으로써보다는 매년 이 절기와 연관되어 진행되는 의식들에 의해 더 영향을 받는 것과 같다.

마가와 마가복음의 예수가 13:14에서 언급된, 미래의 "멸망의 가증한 것"을 어떻게 이해했는가에 관해 여러 제안이 있었다. 그중 더욱 중요한 것들로는 다음과 같은 것들이 있다.

1. 칼리굴라(Caligula)가 기원후 39-40년에 예루살렘 성전에 자기의 상(像)을 세우려 한 것. 이것이 유대인들의 대반란을 초래할 것을 두려워한 나머지 이 일은 실행되지 않았다. 그런데도 이것은 유대 땅에 큰 경악과 동요를 초래했다(*Ant.* 18.261-309).[53]

2. 이 역시 실행되지는 않았지만, 본디오 빌라도가 로마 군사들로 하여금 그들의 군기를 버젓이 드러내며 예루살렘으로 들어가게 하려 했던 것. 유대인들은 이를 신성모독으로 간주했다(*Ant.* 18.55-59; *J. W.* 2.169-74).

3. 기원후 67-68년, 기샬라의 요한(John of Gischala)과 시몬의 아

53 T. W. Manson, *The Sayings of Jesus as Recorded in the Gospels According to St. Matthew and St. Luke: Arranged with Introduction and Commentary* (Grand Rapids: Eerdmans, 1957), 329-30; Lloyd Gaston, *No Stone on Another: Studies in the Significance of the Fall of Jerusalem in the Synoptic Gospels* (Leiden: Brill, 1970), 25-27; N. H. Taylor, "Palestinian Christianity and the Caligula Crisis Part II: The Markan Eschatological Discourse," *JSNT* 62 (1996): 20-21.

들 엘르아살(Eleazar, the son of Simon)의 주도하에 열심당원들이 저지른 끔찍한 짓들과 그들이 파니(Phanni)에게 대제사장직을 수여한 일(*J. W.* 4.147-57; 4.160).[54]

4. 예루살렘 멸망에 있어 티투스(Titus)의 역할과 그가 기원후 70년 지성소에 강제로 진입한 일(*J. W.* 6.260).[55]

5. 로마 군사들이 성전 안에 그들의 기(旗)들을 세우고, 티투스를 "황제"라 선포하며 그것들에 제사 지낸 일(*J. W.* 6.316). 남성 대명사 "그"("그가 서지 못할 곳에")는 이 행위의 배후에 있는 그를 가리키는 것으로 이해된다.[56]

6. 기원후 70년 로마 군대에 의해 예루살렘이 포위되기까지의 사건들.[57]

7. 로마 군대에 의한 예루살렘 성전의 멸망.[58]

54 Joel Marcus, "The Jewish War and the *Sitz im Leben* of Mark," *JBL* 111 (1992): 454-56; Witherington, *Mark*, 345-46.

55 Dieter Lührmann, *Das Markusevangelium*, HZNT 3 (Tübingen: Mohr Siebeck, 1987), 221-22; Hooker, *Mark*, 314; W. A. Such, *The Abomination of Desolation in the Gospel of Mark: Its Historical Reference in Mark 13:14 and Its Impact in the Gospel* (Lanham, MD: University Press of America, 1999), 96-102, 206; Moloney, *Mark*, 259-60.

56 Desmond Ford, *The Abomination of Desolation in Biblical Eschatology* (Washington, DC: University Press of America, 1979), 158.

57 Ezra Palmer Gould, *A Critical and Exegetical Commentary on the Gospel According to St. Mark*, ICC (New York: T & T Clark, 1896), 246-47; Ford, *Abomination of Desolation*, 166-69.

58 Rudolf Pesch, *Das Markusevangelium, Part 2: Kommentur zu 8,27-16,20*, 2nd ed., HTKNT (Freiburg: Herder, 1981), 292.

8. 적그리스도와 관련되며 재림에 선행할 미래의 사건.[59]

"멸망의 가증한 것"이라는 표현이 지시하는 바에 관한 다양한 견해를 평가하려 함에 있어, 문학적인 문맥과 역사적인 문맥이 마가가 이 표현으로 뜻한 바에 관한 해석에 몇몇 제약을 가한다.[60]

- 멸망의 가증한 것은, "멸망의 가증한 것"이라는 표현이 사용된 다니엘 9:25-27, 11:29-35, 12:1-13, 마카베오상 1:54, 59 그리고 이스라엘에서 빛의 절기라는 연례 행사와 해석상의 연속성을 가져야만 한다. 이것이 예수와 그 제자들 및 마가와 그 독자들이 그 표현을 해석하는 배경이 되는 언어적·역사적 맥락을 이루었을 것이다. 그 맥락은 예루살렘 성전과 그 제단 및 제사 의식에 집중되어 있다.
- 멸망의 가증한 것의 징조는 그것이 유대와 예루살렘에 사는 이들에게 그 성과 성전의 다가올 멸망을 피할 것을 경고할 수 있을 만큼 충분히 식별 가능한 것이어야만 한다.
- 멸망의 가증한 것의 징조는 로마 군대가 예루살렘 성을 에워싸고 포위하기 전에 나타나야만 한다. 그 후에는 유대와 예루살렘

---

59 Taylor, *Mark*, 511; C. E. B. Cranfield, *The Gospel According to Mark*, CGTC (New York: Cambridge University Press, 1959), 402-3; Evans, *Mark 8:27-16:20*, 320; James R. Edwards, *The Gospel According to Mark*, PNTC (Grand Rapids: Eerdmans, 2002), 398-99.

60 France, *Mark*, 520을 보라.

에 사는 이들이 도망칠 가능성이 전혀 없기 때문이다.

• 남성형 분사 "서 있는"은 멸망의 가증한 것이 어떤 "사물"이 아니라 사람임을 나타낼 것이다.

멸망의 가증한 것에 대해 제안된 처음 두 설명에 관해서는, 이 두 사건 모두 적어도 20년이나 일찍 일어났기에 예루살렘의 임박한 멸망의 징조로 기능할 수 없다는 점을 주목해야만 한다. 마가의 독자들에게 유대와 예루살렘으로부터 피하라는 경고는 필연적으로 그 성의 멸망이 근접했음을 나타낸다. "징조"의 출현과 즉시 도망하라는 경고(13:15-16)는, 징조가 있고 난 뒤 20년 이상 도피를 지연하다가[61] 기원후 67-69년경에서야 예루살렘으로부터 도피하는 것으로 이해되지 않았을 것이다. 이것은 "멸망의 가증한 것"에 관한 위 1번과 2번의 해석이 마가의 독자들에 의해 예루살렘의 임박한 멸망의 징조로 받아들여져서 기원후 70년 훨씬 전에 그 지역을 즉시 떠나야 하는 것으로 이해되지 않았을 것이라는 점을 보여준다. 위 4, 5, 7번 설명과 관련해서는, 이런 사건들이 예루살렘을 피하라는 징조 역할을 하기에는 너무 늦게 일어났다는 문제가 있다.[62] 이들은 모두 예루살렘이 포위된 이후의 때를 상정하고 있는데, 그 시점에는 도망이 불가능했

---

61 사도행전은 기원후 62년경에 일어났고 행 28:30-31에 기록된 사건들이 끝날 때까지 예루살렘에 교회가 계속 존재했음을 가정한다.

62 Marcus는 Mark 8-16, 890에서 "성전과 수도가 이미 파괴되고 사실상 전쟁에 패한 시점에서 산으로 도망치라는 명령(13:14c)이 무슨 의미가 있겠는가?"라고 옳게 지적한다.

고, 그때는 성안의 유대인들이 죽거나 노예로 끌려갔을 때였다. 멸망
의 가증한 것은 예루살렘의 포위와 멸망에 선행하는 신성모독 행위
를 수반해야만 한다. 기억해야 할 점은 기원전 167년에 있었던 먼젓
번 멸망의 가증한 것이 성전의 멸망이 아니라 성전의 모독과 관련되
며, 매년 기념된 수전절은 성전의 재건이 아니라 성전의 정화를 기념
했다는 점이다. 위의 6번 설명도 설득력이 없는데, 이는 그것이 어떤
"것"을 가리킨다고 주장하는 데 반해, 멸망의 가증한 것은 남성형 분
사("서 있는")가 나타내는 바와 같이 어떤 사람을 가리키기 때문이다.[63]
그러므로 멸망의 가증한 것은 예루살렘이 포위되기까지 이르도록 한
사건들과 같은 어떤 것이 아니라, 어떤 점에서든 사람을 지칭하는 것
이어야만 한다. 위의 8번 설명과 관련해서는, 적그리스도의 출현과
연관된 미래의 박해와 참사는 유대와 예루살렘에 국한되지 않을 것
이라는 점, 성공적으로 도망치는 일이 가능하지 않을 것이라는 점, 그
리고 계절은 그 일과 무관할 것이라는 점이 지적되어야 한다(13:18).

멸망의 가증한 것을 가장 잘 해석한 것은 위의 3번 설명이다. 이것
은 기원후 67-68년 열심당원들과 그들의 지도자인 기샬라의 요한과
엘르아살이 한 행동들과 관계되는데,[64] 그들은 성전 내에서 일어난 수

---

63 그리스어 분사 *bestēkota*는 남성 단수 대격이다. 중성 단수 대격은 *bestēkos*이다.

64 Witherington, *Mark*, 345; Marcus, *Mark 8-16*, 890-91. R. S. Snow는 "Let the Reader Understand: Mark's Use of Jeremiah 7 in Mark 13:14," *BBR* 21 (2011): 467-77에서 멸망의 가증한 것이 "성전 지도자들의 부패하고 부정한 행위들"이라고 주장한다. 하지만 그런 행위들은 예수의 "성전 정화" 사건이 보여주듯, 예수의 사역 당시에도 이미 존재했다. 예루살렘을 즉시 떠나라는 징조로서는 무언가 좀 더 구체적인 것이 요구된다. 성전 지도자들의 그러한 부패가 극에 달하면서 멸망의 가증한

많은 신성모독 행위에 연루되었다. 이는 다른 유대 지도자들과 분파 간의 상호파괴적 교전들을 포함하지만, 파니가 대제사장 가문의 후손이 아니고 정신적으로도 결함이 있음에도 불구하고 그들이 성전에서 그에게 대제사장직을 수여한 일이야말로 바로 그 가증한 것이었을 것이다(*J. W.* 4.151-57). 이 해석은 멸망의 가증한 것이 성전을 멸망시킨 자나(즉 티투스), 그 재난 자체(즉 성전과 예루살렘의 멸망)가 아니라, 다가올 재난의 징조라고 보는 것이다(즉 열심당원들과 그들 활동의 앞잡이로 파니를 대제사장으로 임명한 것). 멸망의 가증한 것의 출현은 마가에 의해 거짓 그리스도들과 메시아를 사칭하는 자들의 출현과 분명히 구별된다.

마가의 "독자"들은 멸망의 가증한 것의 "징조"를 이해하라고 권고받지만, 이 징조를 실제로 보는 자들에게 건네진 권고는 예수의 제자들과(13:1-5a)[65] 유대에 있는 예수의 추종자들과 관계된다: "그때에 유대에 있는 자들은 산으로 도망할지어다"(13:14c). 이 명령은 유대에 있는 예수의 추종자들에게 적용될 때 잘 이해되지만, 마가의 독자들에게 적용될 때는 그렇지 않다. 여기서 복음서 저자는 예루살렘의 멸망과 관련된 예수 전승을 그의 독자들에게 전해주고 있다. 왜 그가 그리하는지, 또한 유대에 살고 있지 않은 그의 독자들에게 이것이 가진 함의는 무엇인지에 대해서는 후에 마가복음 13:14-23에 관한 우리

것에 다다르게 된다. 곧 대제사장직을 맡을 자격이 없음에도 파니에게 그 자리를 맡긴 것이다.

65 Moloney, *Mark*, 273의 다음 말과 비교해보라: "예루살렘의 종말과 세상의 종말에 관한 예수의 강화는 제자들을 향해 주어진 것이다."

의 논의를 요약하며 다루겠지만, 마가는 이 지점에서 멸망의 가증한 것이 예루살렘 성전에 나타날 때를 위해 예수가 유대에 있는 그의 추종자들에게 준 명령들을 전해주고 있다. 마가는 그의 독자들이 이 경고를 자신들이 따라야 할 문자적 명령으로 이해하도록 의도하지 않았다. 그는 그 지시를 받은 청중을 "유대에 있는 자들"(13:14c)이라고 한정함으로써, 유대에 살지 않는 그의 독자들에게 이 점을 분명히 나타낸다!

유대로부터 "도망하라"는 명령은, 예수 당시의 원래 상황에서든 마가의 상황에서든, 유대교를 버리라는 은유적 명령이 아니다.[66] 비록 13:16-17에 주어진 구체적인 예들이 과장된 언어를 사용하고 있다 하더라도, 그 명령은 마가복음에서 그 용어가 사용된 모든 다른 경우(1:5; 3:7; 10:1)에서와 마찬가지로 유대 땅을 지칭하는 것으로서 문자적으로 해석되어야만 한다. 예루살렘으로부터 도망치라는 명령은 다음과 같은 유사한 권고를 떠올리게 한다.

베냐민 자손들아,
예루살렘 가운데로부터 피난하라!
드고아에서 나팔을 불고,
벧학게렘에서 깃발을 들라.
재앙과 큰 파멸이

---

66 이 점에 있어 Werner H. Kelber, *The Kingdom in Mark: A New Place and a New Time* (Philadelphia: Fortress, 1974), 121에 반한다.

북방에서 엿보아 옴이니라(렘 6:1).

그리고 마따디아는 거리에 나서서, "율법에 대한 열성이 있고 우리 조상
들이 맺은 계약을 지키려고 하는 사람은 나를 따라나서시오"하고 큰소리
로 외쳤다. 그리고 나서 그는 모든 재산을 그 도시에 버려둔 채 자기 아
들들을 데리고 산으로 피해 갔다(마카베오상 2:27-28[공동번역]; 참고.
계 18:4)

이러한 권고들은 완벽하게 뜻이 통하며, 그러므로 "비(非)역사화"
되어서는 안 된다. 유대 땅으로부터 도망하라는 권고는 예루살렘의
강한 성 안에서(참고. 시 48:12-14), 또 하나님의 전이 가진 신성함 안
에서(시 48:8-9) 로마의 침략으로부터 무사 안전을 도모하려는 경향
(참고. *J. W.* 4.106-11, 121-25, 135-37)에 비추어 볼 때 특히나 적절한
것이다.

멸망의 가증한 것이라는 "징조"의 출현에 대해 주어진 첫 번째 명령
은, 종종 유대 기독교인들로 하여금 안전을 위해 펠라(Pella)라는 성으
로 피신하도록 한, 예루살렘 멸망에 앞선 한 신탁과 연관 지어져왔다
(Eusebius, *Ecclesiastical History* 3.5.3; Epiphanius, *Panarion or Refutation
of Heresies* 29.7.7-8; 30.2.7; *Treatise on Weights and Measures* 15).[67]

---

67 "예루살렘 교회 교인들은 전쟁 전, 받기에 합당한 자들에게 주어진 계시에 의한 신
   탁의 말씀을 통해 예루살렘을 떠나 페레아의 성 중 하나이며 그들이 펠라라고 불
   렀던 곳에서 머물도록 명령받았다. 그리스도를 믿는 자들은 예루살렘에서 그곳으
   로 이주했다"(Eusebius, *Ecclesiastical History*, vol. 1, trans. Kirsopp Lake, Loeb

어떤 학자들은 마가복음 13:14-16을 이 신탁으로 간주하지만,[68] 대다수는 이에 반대한다.[69] 그렇게 연관 짓는 것에 대한 주요한 반론으로는 펠라로 도망하는 것이 산으로 도망치는 것에 상응한다고 보기 힘들다는 것인데, 왜냐하면 펠라는 요단 계곡에 위치한 데가볼리 지역의 주요 성이었기 때문이다. 그런데도 예루살렘이 멸망하기 바로 전 유대 기독교인 공동체가 예루살렘으로부터 도망쳤다는 전승은, 후에 초기 교회가 새롭게 만들어 낸 것일 가능성이 적다. 마가복음 13:14-16과 같은 내용과 예루살렘이 기원후 70년 멸망하기 전 실제 벌어졌던 예루살렘으로부터의 도피가 이 전승의 배후에 놓여 있을 가능성이 가장 높다.

Classical Library [Cambridge, MA: Harvard University Press], 201). "그때부터 모든 제자는 예루살렘을 떠난 후 펠라에 정착했다. 다가올 예루살렘의 포위 때문에 그리스도는 그들에게 예루살렘을 버리고 그곳에서 물러 나오라고 하였다. 이 이유로 그들은 페레아에 정착했고…거기서 그들의 생애를 보냈다"(Frank Williams, *The Panarion of Epiphanius of Salamis* [Leiden: Brill, 1987], 118). "[예루살렘] 성이 로마인들에 의해 침략당하고 멸망되기 직전, 하나님의 천사가 모든 제자에게 미리 계시하여 그 성이 완전히 멸망할 것이기 때문에 그곳에서 떠나라 하였다. 그들은 이주자로서 펠라에 머물렀는데…그곳은 요단 동편이었다. 그리고 이 도시는 데가볼리에 속해 있었다 한다"(J. E. Dean, ed., *Epiphanius's Treatise on Weights and Measures: Syriac Version*, Studies in Ancient Oriental Civilization 11 [Chicago: University of Chicago Press, 1935], 31).

68 Sidney Sowers, "The Circumstances and Recollection of the Pella Flight," *Theologische Zeitschrift* 26 (1970): 305-20; Lane, *Mark*, 468; Pesch, *Markusevangelium*, 292-95; Vicky Balabanski, *Eschatology in the Making: Mark, Matthew, and the Didache*, SNTSMS 97 (New York: Cambridge University Press, 1997), 101-34; Moloney, *Mark*, 260-63.

69 Beasley-Murray, *Jesus and the Last Days*, 412-13; Evans, *Mark 8:27-16:20*, 320; France, *Mark*, 526.

다른 두 명령은(13:15의 "지붕 위에 있는 자는 내려가지도 말고 집에 있
는 무엇을 가지러 들어가지도 말며"와 13:16의 "밭에 있는 자는 겉옷을 가지
러 뒤로 돌이키지 말지어다") 그 도시로부터 즉시 도망갈 필요를 강조
하고 있다. 그 두 명령의 과장된 성격은 지체 없이 도망갈 것을 강조
한다. 실제 로마군의 진격은 "전격전"이 아니라, 예루살렘을 향하여
진격하며 도중에 저항하는 지역은 모두 진멸해 버리는, 점진적이고
체계적인 것이었다. 그러므로 지붕 위에서 쉬고 있던 이들은 내려와
필수품들을 챙겨 성을 떠날 시간이 있었을 것이다. 마찬가지로, 밭에
있는 자들도 집에 돌아와 겉옷을 챙길 수 있었을 것이다. 하지만, 그
들은 절대 대기 전술을 써서는 안 되었다. 그들은 "기회가 있을 때" 속
히 유대를 떠나야 했다!

13:17-20에 나오는 예루살렘의 다가올 멸망을 둘러싼 참상의 묘
사는 왜 즉시 그 성을 떠나야만 하는지를 설명해 준다. 가장 약한 자
들, 즉 아이 밴 자들과 젖 먹이는 자들의[70] 곤경이 "화"(woe)[71] 혹은
"아아"(alas)라는 말로 묘사되어 있는데, 이는 그들의 처지로 인한 부
담과 제약 때문이다. 이 구절 다음에는 다가올 피난이 겨울에 있지 않
도록 기도하라는 내용이 이어지는데, 겨울에는 추위와 범람하는 와
디, 진흙투성이의 길로 인해 이동하는 것이 더욱 어렵고 위험했다.
"그날들에는"(en ekeinais tais hēmerais)이라는 언급은 "마지막 날들"

---

70 참고. 왕하 8:12; 15:16; 호 13:16; 암 1:13.
71 예언적 "화"의 다른 예로는 사 3:11; 28:1; 29:1, 15; 30:1; 31:1; 33:1; 렘 4:13;
　13:27; 겔 13:18; 호 7:13; 9:12; 암 5:18을 참고하라.

을 의미하는 기술적 용어로 이해되어서는 안 된다.[72] 왜냐하면 마가복음에서 그 표현이 사용된 다른 모든 경우 그것이 예수 당시 일어났던 사건을 지칭하는 데 쓰였기 때문이다(1:9; 8:1; 참고. 4:35; 또한 마 3:1; 눅 2:1; 4:2; 5:35; 9:36의 예들을 참고하라). 그러므로 이 문구를 종말론적으로 해석("우리가 아는 바 역사가 종말에 이를 때")할 아무런 이유가 없는 것이다. 오히려 그것은 예언적인 것으로 해석되어야만 한다("예루살렘이 멸망할 그날들에").

어떤 이들은 13:19에서 묘사된 멸망의 정도("그날들이 환난의 날이 되겠음이라. 하나님께서 창조하신 시초부터 지금까지 이런 환난이 없었고 후에도 없으리라")를 보고, 이것을 대환난 및 재림 전 적그리스도의 출현을 가리키는 것으로 해석했다. 다른 이들은 13:19-20에 묘사된 환난을 마가가 복음서를 쓸 당시의 그리스도인들이 당면한 상황을 가리키는 것으로 해석했다.[73] 하지만 이 단락을 그러한 거울 독법으로 해석하는 것은 "복음서의 모든 말이 독자들의 상황과 연관 지어져야만 한다는 편집비평의 원칙을 지나치게 열성적으로 적용한 예로 보인다."[74] 본문 내에서는 예루살렘과 유대에 있는 신자들이 염두에 있음이 분명하고, 마가가 그의 초점을 로마 혹은 이방 세계로 바꾸었다는 어떠한 힌트도 없다. 더욱이 13:19의 어법은, 시간이 흐르면서 하나의 숙어가 된 과장된 표현을 담고 있는 것으로 이해하는 것이 최선

72 이 점에 있어 Edwards, *Mark*, 400에 반한다.

73 Rudolf Pesch, *Naherwartungen: Tradition und Redaktion in Mk 13*, KBANT (Düsseldorf: Patmos, 1968), 151-54.

74 Beasley-Murray, *Jesus and the Last Days*, 418.

이다. 이 점은 아래의 본문들에서 볼 수 있다.

> 내가 무거운 우박을 내리리니 애굽 나라가 세워진 그날로부터 **지금까지** 그와 같은 일이 **없었더라**(출 9:18, 강조 추가)

> 애굽 온 땅에서 **이제까지도 없었고 앞으로도 없을** 큰 곡성이 들릴 것이다 (출 11:6, 새번역, 강조 추가)

> 이는 여호와의 날이 이르게 됨이니라. 이제 임박하였으니
> 곧 어둡고 캄캄한 날이요,
> 짙은 구름이 덮인 날이라.
> 새벽 빛이 산 꼭대기에 덮인 것과 같으니
> 이는 많고 강한 백성이 이르렀음이라.
> 이와 같은 것이 **옛날에도 없었고,**
> **이후에도 대대에 없으리로다**(욜 2:1-2, 강조 추가)[75]

그러므로 13:19은 인상적이고 과장된 언어를 사용하여, 로마군의 진입과 성의 멸망 및 피에 주린 칼을 피하지 못하고 유대와 예루살렘에 남아 있을 이들에게 닥칠 끔찍하고 무서운 고통과 환난을 묘사하는

---

75 또한 신 4:32; 단 12:1; 마카베오상 9:27; 「모세의 승천」 8:1; 1QM 1:11-12; 계 16:18도 참고하라.

것으로 이해하는 것이 최선이다.[76] 끝 구절인 "후에도 없으리라"는 그 환난 이후에도 시간이 계속 흐름을 가정하는 것으로 이해하는 것이 최선일 것이나,[77] "그 환난 후"(13:24) 얼마가 지나야 인자가 재림할지에 대해서는 드러난 바가 없다.

성전과 예루살렘이 멸망할 때 일어날 그 환난의 끔찍함에 대한 두 번째 일반 묘사가 13:20에 주어진다. 예수는 바로 전 구절의 과장된 언어를 이어가며 "만일 주께서 그날들을 감하지 아니하셨더라면 누구도(문자적으로는 "모든 육체가") 구원을 얻지 못할 것이거늘"이라고 말씀한다. "구원을 얻다"라는 것은 여기서 예루살렘의 포위와 멸망에도 육체적으로 살아남는 것을 가리킨다(참고. 3:4; 5:23; 15:30-31). 이 구절이 기원후 70년의 예루살렘 및 성전의 멸망과 관계된다고 보는 것은 "통제를 벗어난 과장"이 아니라,[78] 성전과 예루살렘의 멸망을 언급하는 진술(13:2, 4, 14)이 담긴 그 문맥을 심각하게 고려하는 것이다.

14절에서 18절까지가 로마 혹은 이방 세계 다른 곳에 있는 기독교인들이 아니라 예루살렘 그리고 유대에 거주하는 유대인들을 염두에 두고 있음은 분명하다. 14-18절까지 유대와 그 사람들을 다루다가 주제나 장소 혹은 시간의 변화에 관한 아무런 암시도 없이 19-20절에서 갑자기 로마

---

76 성경에 나오는 과장된 진술과 표현의 사용에 관해서는 Stein, *Basic Guide*, 174-88을 보라.

77 Lane, *Mark*, 472.

78 이는 Evans, *Mark 8:27-16:20*, 322에 반대하는 것이다.

와 로마의 기독교인들로 건너뛴다는 것은 이치에 맞지 않는다.···19-20
절이 팔레스타인에 있는 유대인들의 상황으로부터, 마지막 날에 있을 범
세계적 환난이라는 주제를 다루는 데로 나아간다는 견해에 대해서도 비
슷한 점이 고려되어야 한다.[79]

하지만 주께서 남은 자들의 생존을 위해 "그날들을 감하실" 것이다.
그는 그가 "택하신 자들"을 위하여 이 일을 하실 것이다. 동어반복적
인 셈어 어법("하나님께서 창조하신 창조의 시초로부터"[13:19]; "자기가 택
하신 택함 받은 자들을 위하여"[13:20])에 주목해야 한다.[80] 어떤 이들은
이것들이 그 말씀들의 진정성을 나타내는 표지라고 주장하지만, 반
복은 마가 문체의 한 특질임을 유의해야 한다.[81] 하나님께서 그의 백
성을 위해 날들을 감하신다는 사상은 유대 문학에서 자주 발견된다.[82]
그날들을 감하시는 하나님의 은혜로운 처사의 수혜자는 "택하신 자
들"이다(13:20; 또한 22절과 27절도 참고).[83] 현재 문맥에서 그 "택하신

---

79 Beasley-Murray, *Jesus and the Last Days*, 418.

80 셈어 어법의 동어반복인 것으로 보이는 마가복음의 다른 예들은 2:19-20(신랑/신
  랑); 4:30(비교하다/비유); 7:13(전통/전한[같은 그리스어 어근]); 11:28(권위/권
  위); 12:14(참되시고/진리[같은 그리스어 어근]); 12:23-25(부활/그들이 살아날 때
  [같은 그리스어 어근], 이 구절에는 사본학적 문제가 있다)을 보라.

81 Robert H. Stein, "Duality in Mark," in *New Studies in the Synoptic Problem:
  Oxford Conference, April 2008*, ed. P. Foster et al., BETL 239 (Leuven:
  Peeters, 2011), 253-80을 보라.

82 참고. 사 60:21-22; 집회서 36:10; 「에녹1서」 80:2; 「바룩2서」 20:1; 54:1; 83:1; 에
  스드라2서 2:13; 「바나바 서신」 4:3; *b. B. Mes.* 85b.

83 신약에서 이 용어는 그리스도인들을 묘사하는 데 자주 사용된다(롬 8:33; 골 3:12;

자들"은 로마인들의 포위와 예루살렘의 멸망 동안에 그 성에 갇혀 있던 하나님의 백성을 가리킨다. 따라서 그것은 골로새 교인들(3:12); 바울의 개종자들(딛 1:1); 본도, 갈라디아, 갑바도기아, 아시아, 비두니아에 있는 이방인 개종자들(벧전 1:1)과 같은 유대 땅 밖에 사는 이방인 신자들이나 하나님의 일반적인 백성(계 17:14)을 가리키지 않는다. 그들은 예루살렘에 갇힌 일반 유대인들이거나, 아니면 예수가 그의 제자들에게 이야기하는 문맥에 비추어 볼 때(13:5-37) 멸망의 가증한 것의 징조가 출현했을 때 그 성으로부터 도망 나오지 못해 그 안에 갇힌 유대 기독교인들임이 분명하다.[84]

마가복음 13:21-23: 성전과 예루살렘의 멸망 직전 나타날 자칭 메시아들에 대한 경고

13:21-23에서 마가는, 13:5에서 시작한 단락을 메시아(들)의 출현을 주장하는 이들을 경계하라는 경고로 마무리한다(13:21-22). 미래에 있을 메시아의 도래가 비밀스러울 거라는 사상은 "복스러운 소망과 우리의 크신 하나님 구주 예수 그리스도의 영광이 나타나심"(딛 2:13)에 관해 가르치는 기독교와 상충한다. 메시아의 도래는 죽은 자의 부

딤후 2:10; 딛 1:1; 벧전 1:1; 계 17:14). 구약에서 이 용어는 이스라엘 백성 혹은 이스라엘의 신실한 남은 자를 묘사하는 데 사용된다(예. 시 105:6; 사 42:1; 43:20; 65:9, 15).

84 France, *Mark*, 528.

활과 연관되며(살전 4:13-18) "땅의 모든 족속들이 통곡하며 그들이
인자가 오는 것을 볼 것"인데(마 24:30; 참고. 눅 17:22-24), 이는 그가
"큰 권능과 영광으로" 오실 것이기 때문이다(막 13:26; 8:38). 마가의
독자들이 그런 가르침들을 어느 정도까지 알고 있었는지는 확정할
수 없다. 하지만 마가가 복음서를 썼던 60년대 후반에 이르러, 예수
의 재림을 바라는 장래에 오실 메시아에 대한 소망은, "마라나타, 우
리 주여 오시옵소서!"(고전 16:22; 계 22:20)라는 그들의 기도와 또한
주기도문의 "나라가 임하오시며"에 반영된바, 이미 교회의 주요한 믿
음이자 열망이었다. 50년대 초 고린도의 이방인 교회에, 널리 알려진
아람어 기도 "마라나타, 우리 주여 오시옵소서!"가 존재했다는 것은
(고전 16:20), 이 기도가 초기 팔레스타인 교회의 필수적인 부분으로
서 이방인 교회들로 옮겨갔음을 나타낸다. 이 기도가 예수가 그의 제
자들에게 가르친 기도(마 6:9-13/눅 11:2-4)와 인자의 재림에 관한 그
의 가르침에 뿌리를 두고 있다고 믿을 만한 충분한 이유가 있다. 주
님은 갑자기, 예상치 못할 때에 "밤에 도둑같이" 오실 것이나(살전 5:2;
참고. 마 24:42-44; 눅 12:39-40; 벧후 3:10; 계 3:3; 16:15), 그것은 비밀스
럽지는 않을 것이다! 따라서 제자들은 그런 거짓 소문들을 믿지 말라
고 경고받는다.

　13:21-22에 있는 거짓 메시아 및 거짓 예언자들에 대한 경고들은
앞선 13:5-6에서 발견되는 경고들과 병행을 이루어 다음과 같은 교
차 대구구조를 이룬다: A(13:5-6), B(13:7-20), A′(13:21-22). 그러나
그런 일반적인 거짓 메시아들의 출현에 관한 앞선 경고와는 달리, 여
기서 우리는 예루살렘의 멸망과 관련된 거짓 메시아들의 출현에 대

한 구체적인 경고를 듣게 된다. 그러한 거짓 메시아들의 출현은 요세푸스의 「유대전쟁사」에 잘 기록되어 있고,[85] 유대 전쟁 동안 거짓 예언자들이 끼친 해악에 관해서도 그의 책이 증거를 제공한다(*J.W.* 6.285-88). 그런 거짓 예언자들은 어쩌면 로마에 대한 유대인의 반란 초기에 있었던 몇몇 성공을 신적인 구원과 해방의 징조로 잘못 해석했을 것이다.[85] 그들은 그들의 예언과 더불어 "표적과 기사"를 행함으로써 "할 수만 있으면 택하신 자들"조차 미혹하려 할 것이다. 마가는 참으로 택함 받은 이들이 미혹을 받을 수 있는지, 혹은 하나님의 계획이 변개될 수 있는지와 같은 질문을 논하지 않는다(참고. 14:35에 나온 "될 수 있는 대로 이때가 자기에게서 지나가기를" 구한 예수의 기도). 택함 받은 자들이 미혹될 가능성에 관한 진술은 아마도 예수가 그의 제자들에게 "더욱 힘써 너희 부르심과 택하심을 굳게 하라"(벤후 1:10)는 경고 역할을 하는 것일 것이다. 왜냐하면 열두 사도 중 하나라는 것조차도, 가룟 유다의 배신이 보여주듯, 구원을 보증하는 것은 아니기 때문이다. 그러나 마가복음 13장의 현재 문맥에서 주된 논점은 이러한 거짓 메시아들 때문에 택하신 자들이 유대와 예루살렘을 떠나 진격하는 로마군을 피하는 것을 망설일지도 모른다는 점이다.[86]

이 단락을 마무리하는 구절은 13:5과 수미상관을 이룬다. 이 단락은 "주의하라"(*blepete*, 13:5)는 명령으로 시작하고, 마지막에 "삼가라" 혹은 "주의하라"(*blepete*, 13:23)는 예수의 명령을 반복함으로 끝을 맺

---

85 Marcus, *Mark 8-16*, 901.

86 Lane, *Mark*, 472-73.

는다.[87] 굳이 쓸 필요 없는 *humeis*(너희들)가 사용된 것이 나타내듯,
"주의하라"고 번역된 동사가 강조된 점에 주목해야만 한다. 문맥상으
로 "너희들"은 베드로, 야고보, 요한, 안드레를 가리키고, 또한 함축
적으로는 멸망의 가증한 것을 볼 때 거짓 예언자들과 거짓 메시아들
에게 미혹되어 예루살렘 요새 안에서 안전을 구해서는 안 되는 유대
와 예루살렘의 유대 기독교인들을 가리킨다. "내가 모든 일을 너희
에게 미리 말하였노라"(13:23)는 말씀은 13:4의 "우리에게 이르소서"
와 13:5의 "이르시되"와 상응하는데, 이들은 모두 같은 그리스어 동
사 어근에서 나온 것이다(*legein/prolegein*). 마지막으로 우리는 13:4
의 "이 모든 일"(*tauta panta*)과 상응하는 13:23의 "모든 일"(*panta*)
에 주목해야 한다. 13:23에서 우리는 제자들의 이중 질문(13:4)에 대
해 13:5에서 시작한 예수의 반응과 대답의 결말에 이른다. 예수는 이
제 그들이 묻지 않은 것에 대해 제자들에게 무언가를 가르치기 시작
할 것이다. 인자의 재림은, 아직 언급되지 않았지만 13:1-23에서 언
급된 성전 및 예루살렘의 멸망과 긴밀히 연결된, 새로운 주제가 될
것이다.

---

87 대부분의 영어 번역본이 막 13:5과 13:23에서 동일한 그리스어 용어 *blepete*를 번
   역하면서 두 개의 다른 단어를 사용하는 것은 유감스러운 일이다. REB와 NKJV은
   예외다. 전자는 그 용어를 두 경우 모두 "경계하라"(be on your guard)고 번역하고,
   후자는 두 경우 모두 "유의하라"(take heed)고 번역한다.

요약

13:5-23에 담긴 마가의 메시지를 요약할 때 다시 한번 유의해야 할 중요한 점은 이 자료가 시간상으로 두 정황과 관계된다는 것이다. 하나는 13:2에서 예수가 예언하신 성전의 멸망 시기와 그에 앞선 징조에 관한 제자들의 이중 질문에 대한 대답으로서, 예수가 그의 제자들에게 전한 구체적인 메시지와 관련된다. 두 번째는 13:5-23에서 마가가 자신이 수집하고 편집한 예수 전승을 통해 독자들에게 가르치고자 한 바와 관련된다. 본문의 이 두 지평을 섞기 쉬운데, 그렇게 되면 그 두 시간적 정황이 어떤 것이든 그것을 이해하는 데 있어 혼란이 야기되고 명확성이 떨어진다. 예수가 제자들에게 전한 메시지는 성전과 예루살렘이 그들의 생전에 멸망할 것이라는 이해를 수반한다(참고. 13:30). 이 일에 앞서 거짓 메시아들과 예언자들, 전쟁과 전쟁의 소문 및 지상에서의 재난이 있을 것이나, 그들은 이 때문에 동요해서는 안 된다. 이런 일들은 반드시 일어나야 하고 타락한 세상에 있는 혼돈의 일부지만, 이것이 성전의 종말이 임박했음을 의미하지는 않는다. 그것들은 예루살렘의 임박한 멸망을 나타내지 않는다. 예수를 따르는 이들로서 그들은 그의 발자취를 좇을 것이며, 그가 이미 그들에게 이야기했듯이(8:34-38), 그들은 유대인과 이방인 집권자들 앞에서 재판받을 것이며, 사회의 모든 부문으로부터, 심지어는 그들의 가족으로부터 미움을 받을 것이다. 하지만 이 모든 일에도 불구하고, 아니 어쩌면 이 모든 일 때문에 복음이 온 세상에 전파될 것이고 (13:10), 신실하게, 필요하다면 죽음까지도 견뎌 내면 영원한 구원에

이를 것이다. 성전과 예루살렘의 멸망에 관해 말하자면, 멸망의 가증한 것이 성전에 출현하는 사건은 이보다 선행할 것이다. 이것을 보면, 제자들과 예루살렘과 유대에 사는 예수의 추종자들은 안전을 위해 즉시 산으로 피해야만 한다. 유대에 살면서 예루살렘 요새 안에서 보호와 안전을 꾀하는 이들에 관해 말하자면, 그들은 끔찍하고 상상할 수조차 없는 환난을 겪게 되어 그것과 비교할 만한 것을 생각하기 힘들 것이다.[88] 예수는 예루살렘 멸망에 관한 그의 가르침을 권고와 경고로 마무리한다: "그러나 너희는 주의하라. 내가 모든 일을 너희에게 미리 말하였노라."

마가가 이 자료를 통해 그의 독자들을 가르치고자 했던 바는 이해하기가 쉽지 않다. 하지만 "아마도 유대에서 멀리 떨어진 곳에 있으면서, 마찬가지로 유대에서 멀리 떨어진 곳에 있는 사람들을 위해 복음서를 집필했을 마가 본인에게는…예수의 명령들이 아무런 실제적 필요도 채우지 못한다. 오히려 그것들은 미래에 대해 상세히 예언할 수 있는 그의 능력을 보여준다. 그것들은 십자가에 대한 마가의 변증을 돕는다"라고 말하는 것은 옳지 않다.[89] 기독론적으로 볼 때 이 문단은 자신이 하나님에게서 온 예언자라는 예수의 주장을 뒷받침하며, 따라서 마가의 독자들이 유대에서 일어나고 있는 일과 비교하면서 예수의 말씀이 참이라는 것을 인식하게 된다. 그 결과 그들은 그가 그들

---

88 문자적으로는, "하나님께서 창조하신 시초부터 지금까지 없었고 후에도 없을 그런 환난"(13:20).

89 Gundry, *Mark*, 743.

에게 가르치고 약속하신 바를 신뢰할 수 있다. 예수의 예언자 역할에 대한 인식은 그들에게 그가 그리스도이자 참 메시아며, 인자 및 하나님의 아들이심을 상기시켜 주었을 것이다. 예루살렘과 유대에서 일어나고 있는 일들에 관한 그의 예언의 진실성은 이 장 나머지 부분과 마가복음 전체에 걸쳐 나오는 그의 예언들의 진실성에 대한 확신을 불러일으킨다. 그래서 그들은 소망 안에서 (현재와 미래에) 그들이 겪을 환난 가운데 인내할 용기를 얻는다. 그 결과, 비록 그를 따르는 자는 십자가를 지고 끝까지 견뎌야 한다고 예수가 가르쳤지만, 그들은 그의 택하신 자들이며, 유대에 있는 예수의 제자들과 마찬가지로 영광스러운 나라가 그들을 기다리고 있다.

5

인자의 재림

마가복음 13:24-27

본문과 도입부

24그때에 그 [환난](tribulation, RSV) 후,

해가 어두워지며,

달이 빛을 내지 아니하며,

25별들이 하늘에서 떨어지며,

하늘에 있는 권능들이 흔들리리라.

26그때에 큰 권능과 영광으로 "인자가 구름을 타고 오는 것"을 사람들이
보리라. 27또 그때에 그가 천사들을 보내어 자기가 택하신 자들을 땅 끝
으로부터 하늘 끝까지 사방에서 모으리라.

이 단락의 자료는 앞선 단락과 이 자료를 구별시켜 주는 도입부
(13:24a), 신의 현현(theophany)을 나타내는 일련의 우주적 징조들
(13:24b-25), 인자의 재림 및 그가 세상 곳곳에서 그의 택하신 자들을

모으는 것을 수반하는 신의 현현으로(13:26-27) 이루어져 있다. 이 문단의 주된 해석학적 이슈들은 이 자료와 앞선 단락의 시간적 관계의 문제, 13:24b-25에서 발견되는 우주적 이미지들을 어떻게 해석할 것인지의 문제, 13:26-27에 나오는 인자의 재림과 세상 끝으로부터 택하신 자를 모으는 것에 대한 해석이 우리가 알고 있는 것처럼 역사의 종말을 가져올 예수 그리스도의 문자적인 미래 재림과 관계되는 것인지, 아니면 그것이 어떻게든지 기원후 70년 성전과 예루살렘의 멸망 가운데 일어나는 것으로, 즉 은유적으로 해석되어야 하는지의 문제를 포함한다.

마가복음 13:24a: "그러나 그때에, 그 환난 후"

"그러나…그 [환난] 후"라는 때를 나타내는 도입부와 함께 마가는 그의 독자들에게 이제 그가 새로운 단락과 주제를 시작하고 있음을 알린다. 그는 반대를 나타내는 접속사 "그러나"(*alla*)와 시간을 나타내는 "그 [환난] 후"를 사용하여 그것을 알린다. 어떤 이들은 "그러나"가 완전히 새로운 주제를 도입하는 강한 반의 접속사로 기능한다고 주장한다.[1] 하지만 마가복음에서 "그러나"(*alla*)가 45번 사용되는데, 단

---

1 William L. Lane, *The Gospel According to Mark*, NICNT (Grand Rapids: Eerdmans, 1974), 483n87; Joachim Gnilka, *Das Evangelium nach Markus (Mk 8,27-16,20)*, EKKNT 2/2 (Zurich: Benzinger, 1979), 200; Rudolf Pesch, *Das Markusevangelium*, part 2: *Kommentur zu 8,27-16,20*, 2nd ed., HTKNT

한 번도 전적으로 새로운 단락의 시작을 나타내는 것으로 사용되지 않았다.[2] 한편 "그러나"라는 표현은 "그 [환난] 후"라는 표현 및 주제의 변화와 함께 우리가 13:15-23에서 묘사된 성전과 예루살렘의 멸망 이후 일어날 새로운 주제를 다루고 있음을 분명히 나타낸다.[3] 우리는 여기 언급된 환난이 요한계시록 7:14에 나오는 "대환난"이라고 가정해서는 안 된다. "대환난"이라는 표현은 신약에서 오직 한 번, 이 구절에서만 볼 수 있지만, **환난**이라는 용어는 45번 쓰였고, 그와 관련하여 형용사 "큰"이 사용된 것은 단 두 번이다. "큰"이 "환난"과 연관되어 쓰인 두 번째 경우는 마태복음 24:21이다. 하지만 여기서 그 단어는 예루살렘의 멸망과 관련된 환난의 강도를 묘사하기 위해 쓰였지, "그" 대환난을 가리키지 않는다.[4] 시간을 나타내는 이 두 어구("그때에", "그 [환난] 후")는 13:23의 수미상관 구조와 함께(앞 101, 111, 158쪽

(Freiburg: Herder, 1981), 302; Ben Witherington III, *The Gospel of Mark: A Socio-Rhetorical Commentary* (Grand Rapids: Eerdmans, 2001), 347.

2 Timothy C. Gray, *The Temple in the Gospel of Mark: A Study in Its Narrative Role* (Grand Rapids: Baker, 2010), 137-39. 이는 Camille Focant가 *The Gospel According to Mark: A Commentary*, trans. L. R. Keylock (Eugene, OR: Pickwick, 2012), 543에서 밝히듯이, *alla*("그러나")가 13:23의 *de*("그러나")와 대조를 이루며 새로운 주제를 시작하는 것으로 해석되어야 한다는 견해에 대한 반증이다.

3 "13:24a의 시간을 나타내는 지시어["그러나…그 환난 후"]와 주제의 변화는 새로운 단락의 시작을 표시한다"고 주장하는 Adela Y. Collins, "The Apocalyptic Rhetoric of Mark 13 in Historical Context," *Biblical Research* 41 (1996): 29과 비교해 보라.

4 Eckhard Schnabel, *40 Questions About the End Times* (Grand Rapids: Kregel, 2011), 79.

을 보라), 13:5-23이 통일된 한 단락을 이룬다는 점과 이제 이 지점에
서 이 장의 내용 중 마가의 이방인 독자들에게 가장 큰 적실성을 가
지고 있는 새로운 주제가 도입되고 있음을 나타내준다.[5]

　13:24-27에서 새로운 내용이 도입되고 있음을 나타내는 또 다른
표시는 강화의 대상이 되는 청중이 분명히 변화된다는 점이다. 13:5-
23에서 묘사하는 청중은 분명히 제자들이다. 이는 13:5(2번), 7(2
번), 9(5번), 11(6번), 13, 14, 18, 21(4번), 23(3번)에서 발견되는 "너
희들"(13:21의 동사 "보라"[ide]를 제외하고는 항상 복수)에 의해 분명해
진다.[6] "너희들"이 지칭하는 바가 베드로, 야고보, 요한, 안드레로 대
표되는 제자들임은 13:3-4에서 분명해진다. 한편 13:24-27의 강화
는 제자들을 대상으로 하지 않으며, 이인칭 대명사(단수 혹은 복수)나
이인칭 동사(단수 혹은 복수)가 어디에서도 발견되지 않는다. 13:24-
27의 자료는 13:14의 "너희가 보거든"이 나타내는 청중이 아니라,
13:26의 불특정 "그들이 보리라"가 나타내는 청중을 대상으로 하고
있다. 뒤따라 오는 무화과나무의 비유(13:28-31)가 대상으로 하는 청
중은 다시 한번 제자들이 된다(13:28[2번], 29[3번], 30의 "너희들"에 주
목하라. 이들은 13:30의 "이 세대"의 일부다). 13:32-37에서 제자들이 다

5　A. M. Ambrozic, *The Hidden Kingdom: A Redaction-Critical Study of the
　References to the Kingdom of God in Mark's Gospel*, CBQMS 2 (Washington,
　DC: Catholic Biblical Association of America), 228-29; Collins, "Apocalyptic
　Rhetoric," 29-30.

6　이 숫자들은 그리스어 본문에서 나온 것이고 대명사와 동사의 이인칭 형태를 포함
　한 것이다.

시 언급되는데(13:33[3번], 35[2번], 36, 37[2번]의 권고에서 발견되는 "너희들"에 주목하라), 이는 인자가 오는 정확한 때를 아무도 모르기 때문이다(13:32). 따라서 이 권고들은 제자들에게도 적실하다.

하지만 13:24-27에 나오는 인자의 재림과 13:2, 4, 5-23에서 언급된 성전의 멸망 간에는 연결점이 있다. "그때에"라는 표현이 어떤 식으로든 이 두 사건을 시간상으로 한데 묶어주고 있는 듯하다.[7] 또한 어떤 학자들은 주장하기를 여기에는 별개의 두 사건 간 시간적 연관 이상의 관련성이 있다고 한다. 그들은 이것들이 본질적으로 같은 사건(성전과 예루살렘의 멸망과 그것의 구속사적 의의)을 다르게, 즉 하나는 문자적으로(13:5-23) 다른 하나는 은유적으로(13:24-27) 묘사한다고 주장한다. "그때에"는 신의 현현 혹은 신이 역사 속에 개입하여 심판하시거나 회복하시는 것을 묘사하는 전문 용어라고 주장되었다. 이를 뒷받침하는 많은 본문이 있다: 렘 3:16, 18, 5:18, 31:29, 33:15-16, 50:4, 욜 2:29, 3:1, 슥 8:23 등등. 그러나 그 표현은 신의 출현이라는 의미를 명확하게 띠지 않는 구체적인 시간대를 언급하는 데에도 사용될 수 있다. 아마도 이런 식으로, 마가복음 13:17(또한 13:19-20도 참고)에서 다가올 예루살렘의 멸망과 그에 수반되는 끔찍한 환난과 관련하여 그 표현이 쓰였을 수 있다. 하지만 분명한 것은 복음서에서 "그때에"가 쓰인 대다수의 경우에 그것이 미래의 신의 현현을 나

---

7   Gray, *Temple in the Gospel of Mark*, 138-39. 그러나 "그때에"라는 표현이 "정확한 시간의 지시어가 아니다. 오히려 그 표현은 연대기적 불명확성을 유지한다"라고 주장하는 Focant(*Mark*, 543)와 비교해 보라.

타내는 전문적 의미가 아니라, 과거의 사건을 돌아보는 역사적 의미로 쓰였다는 점이다(예. 막 1:9; 4:35[단수]; 8:1; 마 3:1; 눅 2:1; 4:2; 5:35; 9:36). 13:24(또한 13:32 참고)에서 그것은, 우주적 징조들에 대한 언급과 13:35의 주(kyrios)의 오심에 대한 언급이 암시하는 바, 신의 현현을 나타내는 것으로 쓰였다.

13:14-23과 13:24-27 간에 시간적 연관성은 분명히 있는 듯하다. 그러나 이 두 사건이 시간상으로 분리되어 있음도 분명한데, 왜냐하면 인자의 재림이 13:5-23에 나오는 성전 및 예루살렘의 멸망과 관련된 그 환난 "후"에 있을 것이기 때문이다. "그러나…그 환난 후"는 13:24-27이 단순히 13:5-23에서 묘사된 예루살렘의 멸망을 은유적·우주적 표현들을 사용하여 반복한 것이 아님을 나타낸다! 그것은 다른 사건과 관련된다! 하지만 그런데도 인자의 재림은 "그때에" 일어날 것이다. 마태는 그의 복음서 병행 구절에서 "그날 환난 후에 즉시"(24:29)라고 말함으로써 재림을 시간상으로 더 가깝게 연결하고 있다. 기원후 70년의 예루살렘의 멸망과 "아직 안" 일어난 인자의 재림과의 시간적 공백을 설명하려는 시도의 하나로, 이 단락을 해석할 때 "예언자적 관점"을 가져야 한다는 견해가 있다. 이는 성경의 예언서를 볼 때 "앞쪽에 있는 집들, 길들, 다리들은 분명히 구분 지으면서, 멀리 떨어져 있는 계곡과 산은, 실제로는 그들이 서로 멀리 떨어져 있음에도, 좁은 공간에 한데 모아 놓은"[8] 풍경화처럼 보는 것과 관련

---

8 George R. Beasley-Murray, *Jesus and the Last Days: The Interpretation of the Olivet Discourse* (Peabody, MA: Hendrickson, 1993), 128.

된다.[9] 필자는 텔레비전에서 야구 경기를 보면서 이와 유사한 경험을
한 적이 있다. 한 번은 중견수 뒤편 텔레비전 카메라가 토론이 벌어지
고 있는 투수 마운드에 초점을 맞추었다. 그러자 마치 중견수, 2루수,
2루에 있는 주자, 투수, 포수, 매니저, 타자, 심판까지 모두 함께 투수
마운드에서 무언가를 토론하고 있는 것처럼 보였다. 그들이 서 있는
순서는 상대적으로 명확했지만, 그들 간의 거리는 그렇지 않았다.[10]
마찬가지로 우리가 다루는 본문에서도, 예루살렘의 멸망과 인자의 재
림 간의 시간적 공백이 있음은 분명하지만("그러나…그 환난 후"), 그 공
백의 길이는 분명치 않다("그때에").[11] 이러한 방식으로 성경 본문들
을 조화시키려 하는 것 자체는 전혀 잘못이 아니다.[12] 잘못인 것은 그

---

9   Ibid., 127-28에서 Beasley-Murray는 Johann Albrecht Bengel이 이러한 해석 방
    법을 처음 제안한 사람이라고 말한다.

10 William Hendriksen, *Exposition of the Gospel According to Mark*, NTC (Grand
    Rapids: Baker, 1975), 526은 예수가 미래를 그가 바라보는 바대로 묘사하고 있다
    고 제안한다. 하지만 첫 번째 봉우리(성전과 예루살렘의 멸망)에 가까워질수록 이
    봉우리와 다음 봉우리(재림) 간의 거리를 더욱 분명하게 보게 된다.

11 이러한 "시간의 문제"를 조화시켜 보려는 다른 시도로는 G. B. Caird, *The
    Language and Imagery of the Bible* (Philadelphia: Westminster, 1980), 256-
    67을 보라.

12 필자는 한 박사 과정 학생이 표면상 모순되어 보이는 두 성경 본문을 조화시키려
    하자 이에 대해 교수가 그 학생의 설명에 대해 "그것은 단지 조화시키려는 것일 뿐
    이다!"(Das is nur Harmonizerung)라고 퇴짜놓는 것을 들은 적이 있다. 그것에 무
    슨 결함이 있는지 혹은 왜 잘못된 것인지에 대해서는 아무런 설명도 주어지지 않
    았다. 그 논증을 퇴짜놓는 데는 그저 "그것은 단지 조화시키려는 것일 뿐이다"라고
    말하는 것으로 충분했다. 성경 본문을 조화시키려 하거나 설명하려는 것 자체는 그
    것이 조화시키려는 것이기 때문에 옳거나 그른 것이 아니다. 그런 시도가 옳은지 그
    른지는 그런 설명의 논증이 옳은지 그른지에 달려 있다!

러한 조화를 뒷받침하기 위해 가짜 주석, 부정확한 주석이 사용될 때이다.

　주어진 본문 자료를 이해하기 위한 다양한 시도 중 하나는 13:5-23에서 언급된 환난이 인자의 재림에 앞선 미래의 "대"환난을 가리킨다고 가정하는 것이다. 다른 시도는 13:5-23이 기원후 70년에 일어난 예루살렘의 멸망을 가리키며, 인자의 재림이 그 시기와 의미에 있어 이 예루살렘의 멸망과 연관된 일을 가리킨다는 견해다. 후에 이 소단락의 요약 부분에서 우리는 이 관점에 대해 논할 것이고, 또한 예루살렘 멸망 약 십오 년 후에 자신의 복음서를 기록한 마태가 "그 날 그 환난 후에 즉시" 인자가 출현할 것이라(24:29-30) 기록할 수 있었다는 사실에 대해서도 논할 것이다.

마가복음 13:24b-25: 신의 현현을 나타내는 징조들의 출현

이 본문을 이해하는 데 있어 떠오르는 질문 하나는 이 구절들에서 발견되는 표현들이 "문자적으로" 이해되어야 하는지 아니면 "비유적으로" 이해되어야 하는지와 관련된다.[13] 이것은 시, 잠언, 예언, 묵시, 시

---

13 이 구분은 지나치게 단순화된 것이긴 하지만, "주로 문자적인", "주로 비유적인"이라든지 "주로 문자적인", "주로 상징적인" 등등과 같은 제한적 용어들을 사용하는 거추장스러움을 피할 수 있다. Dale C. Allison Jr., "Jesus & the Victory of Apocalyptic," in *Jesus & the Restoration of Israel: A Critical Assessment of N. T. Wright's Jesus and the Victory of God*, ed. Carey C. Newman (Downers Grove, IL: InterVarsity Press, 1999), 130-34을 보라.

편, 과장법 등등 다양한 구약의 문학 양식에 친숙하지 않은 현대 독자들에게는 어려운 문제다. 그러나 13:24b-25의 이미지는 구약에서 자주 발견되며, 복음서 저자나 그의 독자들뿐만 아니라 예수와 그의 청중들 역시 다음과 같은 본문들을 익히 알고 있었다.

이사야 13:9-11

보라, 여호와의 날,

곧 잔혹히 분냄과 맹렬히 노하는 날이 이르러,

땅을 황폐하게 하며,

그중에서 죄인들을 멸하리니,

하늘의 별들과 별 무리가

그 빛을 내지 아니하며,

해가 돋아도 어두우며,

달이 그 빛을 비추지 아니할 것이로다.

내가 세상의 악과

악인의 죄를 벌하며,

교만한 자의 오만을 끊으며,

강포한 자의 거만을 낮출 것이며(강조 추가).

비록 우리가 13:10에서 우주적 이미지를 발견하게 되지만("하늘의 별들과…비추지 아니할 것이로다"), 언급된 심판은 바벨론의 적 메대인들에 의해(13:17-18) 바벨론 제국에 임할 심판이다(13:1, 19). 이는(사 13:1-22) 기원전 539년에 성취되었다. 바벨론 제국의 종말을 묘사한

우주적 이미지는 분명 이사야서를 읽는 후대의 독자들이 하늘을 다
스리시는 이스라엘의 하나님("여호와," 13:9)께서 바벨론에 내리실 심
판을 묘사하는 비유적 표현으로 이해했을 것이다. 그 우주적 징조들
은 "문자적으로" 나타나지 않았지만, 이러한 징조들이 가리키는 바 하
나님의 신적 심판은 "문자적으로" 성취되었다.

예레미야 4:23-26

보라, 내가 땅을 본즉 혼돈하고 공허하며,

하늘에는 빛이 없으며,

내가 산들을 본즉 다 진동하며,

작은 산들도 요동하며,

내가 본즉 사람이 없으며,

공중의 새가 다 날아갔으며,

보라, 내가 본즉 좋은 땅이 황무지가 되었으며,

그 모든 성읍이

여호와의 앞, 그의 진노 앞에 무너졌으니(강조 추가).

여기서 우리는 다시 한번 우주적 표현(4:23)이 흔치 않은 지리적·지
형적 사건들과 함께 기원전 587년에 있을 바벨론 사람들에 의한(4:6-
7; 5:15; 6:1, 22) 예루살렘의 멸망(4:5, 11, 14, 16, 31; 5:1, 11, 20; 6:1-
2, 6-9, 23; 15:5)을 묘사하는 것을 보게 된다(4:1-6:30). 앞선 이사야
13:9-11에서와 같이, 메대 사람들과 바벨론 사람들은 심판의 도구
지만, 궁극적인 원인은 하나님이시다. 이는 이러한 취지의 직접적인

진술들뿐만 아니라[14] 본문에 사용된 우주적 용어들에 의해서도 나타난다.

에스겔 32:7-8

내가 너를 불 끄듯 할 때에, 하늘을 가리어

별을 어둡게 하며

해를 구름으로 가리며

달이 빛을 내지 못하게 할 것임이여.

하늘의 모든 밝은 빛을 내가 네 위에서 어둡게 하여

어둠을 네 땅에 베풀리로다.

주 여호와의 말씀이니라(강조 추가).

이 경우 우주적 용어는 기원전 585년 느부갓네살 치하의 바벨론 사람들에 의해(29:17-20; 30:10-26; 32:10-11) 애굽의 왕 호프라(Hophra)와 그의 군대에 임할 심판을 묘사하고 있다(32:1). 여기서도 이 이미지는 은유적으로 사용되어 하나님께서 애굽에 심판을 내리실 것을 나타낸다. 애굽의 왕에게 이제 일어날 일은 우연한 역사적 사건이 아니라, 하나님께서 주관하셔서 땅을 부서뜨리는 사건이다.

---

14 참고. 사 13:3("내가…명령하고"); 사 13:11("내가…벌하며"); 사 13:12("내가 사람을…희소하게 하며"); 사 13:13("나 만군의 여호와가…하늘을 진동시키며"); 렘 4:12b("이제 내가 그들에게 심판을 행할 것이라"); 렘 5:19("그들이 만일 이르기를 '우리 하나님 여호와께서 어찌하여 이 모든 일을 우리에게 행하셨느냐' 하거든"); 렘 6:19("땅이여 들으라, 내가 이 백성에게 재앙을 내리리니").

아모스 8:9-10

주 여호와의 말씀이니라, 그날에,

내가 해를 대낮에 지게 하여,

백주에 땅을 캄캄하게 하며,

너희 절기를 애통으로,

너희 모든 노래를 애곡으로 변하게 하며,

모든 사람에게 굵은 베로 허리를 동이게 하며,

모든 머리를 대머리가 되게 하며,

독자의 죽음으로 말미암아 애통하듯 하게 하며,

결국은 곤고한 날과 같게 하리라(강조 추가).

아모스가 전달한 이 초기 예언에서 예언자는 북왕국 이스라엘에 임할 하나님의 심판을 선포하고 있다. 앞 구절들(8:4-6)에서 묘사된, 가난한 자들에 대한 압제와 방치로 인해, 하나님은 심판이 이스라엘 나라에 반드시 임할 것을 맹세하셨다(8:7-8). 이 심판은 기원전 722년 앗수르 사람들의 손에 의해 수도인 사마리아와 그 신전이 파괴되고 지도계층이 국외로 추방당할 때 이루어졌다. 이는 이 열 지파가 "이스라엘의 잃어버린 지파들"이 되는 결과를 낳았다.

사도행전 2:16-21

이는 곧 예언자 요엘을 통하여 말씀하신 것이니 일렀으되

"하나님이 말씀하시길 말세에,

내가 내 영을 모든 육체에 부어 주리니,

너희의 자녀들은 예언할 것이요,

너희의 젊은이들은 환상을 보고,

너희의 늙은이들은 꿈을 꾸리라.

그때에 내가 내 영을

내 남종과 여종들에게 부어 주리니

그들이 예언할 것이요,

또 내가 위로 하늘에서는 기사를,

아래로 땅에서는 징조를 베풀리니,

곧 피와 불과 연기로다.

주의 크고 영화로운 날이 이르기 전에

해가 변하여 어두워지고

달이 변하여 피가 되리라.

누구든지 주의 이름을 부르는 자는 구원을 받으리라"(강조 추가).

이 본문은 베드로(와 누가)가 구약의 예언에서 발견되는 다양한 우주
적 묘사를 어떻게 본질상 은유적인 것으로 이해했는지를 보여주는
탁월한 예다. 사도행전 2:14-16에서 베드로는 "유대인들과 예루살렘
에 사는 모든 사람들"에게(2:14) 외국어로 말하는 것(행 2:6-11)이 요
엘이 예언한 대로(욜 2:28-32) 기다리던 성령의 임하심이 이루어진
증거라고 설명한다. 비록 어떤 이들은 2:19-20에 언급된 우주적 징
조들이 미래 사건을 지시한다고 주장하지만,[15] 베드로의 말("이는[2:5-

---

15 John B. Polhill, *Acts*, NAC (Nashville: Broadman, 1992), 108-10; Darrell L.

13의 사건들] 곧 예언자 요엘을 통하여 말씀하신 것이니")이 요엘 2:28-
32(히브리어 성경과 70인역에서는 3:1-5)의 인용 전체가 성취되고 있음
을 나타낸다고 이해하는 것이 최선이다. 이는 사도행전 2:17-18, 21
에 언급된 내용뿐만 아니라, 사도행전 2:19-20에 언급된 것도 포함
한다. 분명 이것이 누가가 그 예언을 이해한 방식이다. 그는 누가복
음 3:4-6에서 세례 요한의 출현을 언급하며 이사야 40:3-5을 인용할
때, 우주적이고 지형적인 이미지에 관한 이와 같은 이해를 나타낸다.

> 예언자 이사야의 책에 쓴바,
> "광야에서 외치는 자의 소리가 있어 이르되,
> '너희는 주의 길을 준비하라,
> 그의 오실 길을 곧게 하라.
> **모든 골짜기가 메워지고,**
> **모든 산과 작은 산이 낮아지고,**
> **굽은 것이 곧아지고,**
> **험한 길이 평탄하여질 것이요**
> 모든 육체가 하나님의 구원하심을 보리라'"(강조 추가).[16]

이사야의 예언에 나오는 이런 지형적 변화에 대한 시적 언급은 누가

Bock, *Acts*, BECNT (Grand Rapids: Baker Academic, 2007), 115-17.
16 구약의 저자들이 사용한 유사한 비유적 표현에 대해서는 삿 5:4-5(삿 4장에서 이
사건을 묘사할 때, 지진이나 산들의 진동이 전혀 언급되지 않았음에 주목하라); 시
18:7-9; 77:18; 82:5; 암 9:5; 미 1:4; 나 1:5; 합 3:6을 비교해 보라.

에 의해 문자적으로, 즉 이 행성의 구조에 거대한 지리적 변화가 생겨
나는 것으로 이해되지 않았다. 오히려 누가는 그것들을 세례 요한의
출현에 관한 과장되고 은유적인 묘사들로 이해했다. 하나님 나라가
도래했다! 신적 현현의 사건이 일어나고 있다. 오만하고 거만한 이들
이 낮아지며 겸손한 자가 높아질 것이다(눅 1:52; 14:11; 18:14). 간절
히 바라온 소망과 이스라엘의 바람이 도래했다![17]

　　위의 논의로부터 구약의 예언자들이 하나님께서 심판 혹은 축복
을 위해 역사 속에서 활동하시는 바 신의 현현을 표현하는 우주적 용
어들에 익숙했고 그것들을 자주 사용했음이 분명해졌다. 그 저자들
은 이런 표현이 "문자적으로" 해석되도록 의도하지 않았는데, 이는 이
런 예언의 성취가 그런 우주적 현상들과 연관되지 않았기 때문이다.
이 점은 중간기와 신약 시대에 그런 기사를 읽는 이들에겐 분명했다.
따라서 예수와 마가는 예언에 우주적 표현을 사용하는 것에 아주 익
숙했다. 또 하나 유의해야 할 중요한 점은 위에서 인용된 본문들이 대
부분의 영어 번역에서 시적 형태로 나타난다는 점이다.[18] 그러므로 이
런 기사들은 역사적 이야기로 읽혀서는 안 되며, 오히려 역사 가운데
서 일하시는 하나님의 활동을 시적으로 표현한 것으로 읽혀야 한다.

17　눅 3:5의 **낮아지고**(*tapeinōthēsetai*)라는 용어가 14:11에서 하나님이 스스로를 "낮
　　추는" 자들을 높이실 것을 언급하는 데 사용되었음에 주목하라. 스스로를 높이는 자
　　는 "낮아질"(*tapeinōthēsetai*) 것이지만, 스스로를 낮추는(*tapeinōn*) 자는 높아질
　　것이다. 같은 용어가 18:14b에서 다시 쓰인다.

18　ESV, NAB, NJB, NLB, NRSV(이 번역은 욜 2:30-32을 시적 형태로 기록하지 않
　　는다), REB(이 번역은 겔 32:7-8과 행 2:17-21을 시적 형태로 기록하지 않는다)에
　　서 그러하다.

예언에 나오는 우주적 이미지가 하나님께서 역사 가운데 활동하시는, 다가올 신의 현현 사건을 가리키긴 하지만, 그 신의 현현이 정확히 무엇을 수반하는지는 이미지 자체에 나타나지 않는다. 신 현현의 내용은 그것이 속한 문맥으로 밝혀진다. 위에 인용된 구절들에서 신 현현의 내용은 예언자들의 선언을 통해 계시되는데, 그 선언은 바벨론 제국이 메대 사람들에게 멸망될 것이고(사 13:9-11), 예루살렘이 바벨론에 의해 멸망될 것이며(렘 4:23-27), 애굽의 왕 호프라와 그의 군대가 느부갓네살에 의해 멸망될 것이고(겔 32:7-8), 기원전 722년 앗수르에게 사마리아가 멸망되고 지도급 시민들이 국외로 추방당하면서 이스라엘이 더 이상 존재하지 않게 될 것이며(암 8:9-10), 오순절 날 성령이 오셨고 "주의 이름을 부르는" 모든 자에게 부어질 것이라는(행 2:16-21) 내용을 포함한다. 마가복음 13장에서 다가올 신 현현의 내용은 13:26의 "[그리고] 그때에"(kai tote)라는 표현으로 표시된다. 이 구절들에 나오는 우주적 현상들은 13:4에서 제자들이 질문한바 그 "징조"와 관련되지 않는다.[19] 그 징조는 이미 13:14에서 주어졌고, 성전과 예루살렘의 멸망에 선행하며 즉각적인 도피를 요구하는 멸망의 가증한 것의 출현과 관련된다. 13:24b-25에 나오는 우주적 현상들은 성전과 예루살렘의 멸망이 임박했음을 나타내는 징조가 아니다. 왜냐하면 이런 현상들은 그런 사건들 "이후에" 일어날 것이기 때문이다. 또한 그것들은 성전과 예루살렘의 멸망 후 인자의 재림

---

19 이는 M. Eugene Boring, *Mark*, NTL (Louisville: Westminster John Knox, 2006), 372에 반대하는 것이다.

을 예고하는 징조들도 아니다. 오히려 그것들은 재림의 부수적 사건
이다.[20]

마가복음 13:26-27: 인자의 재림

이 구절들의 의미를 이해하려 할 때 많은 논점이 제기된다. 하나는
"큰 권능과 영광으로 '인자가 구름을 타고 오는 것'"이 가리키는 바와
관련된다. 13:26의 전통적인 해석은 이것이 인자가 산 자와 죽은 자
를 심판하고, 우리가 지금 사는 시공간의 우주를 끝내기 위해 하늘로
부터 돌아오는, 미래의 사건을 가리킨다고 주장한다. 하지만 어떤 학
자들은 13:26-27에 인자가 와서 세상을 심판할 것이라는 아무런 구
체적 언급이 없으므로, 이 재림은 그 성격상 독특하게 전적으로 긍
정적인 것으로 해석되어야 한다고 주장한다.[21] 하지만 13:26-27은
8:38에 비추어 해석되어야 하는바, 그 구절에서 예수는 "누구든지 이
음란하고 죄 많은 세대에서 나와 내 말을 부끄러워하면, 인자도 아버
지의 영광으로 거룩한 천사들과 함께 올 때에 그 사람을 부끄러워하
리라"고 말한다. 예수와 그의 가르침을 부끄러워하는 자를, 인자도 영
광으로 올 때에 부끄러워할 것이다. 그런 사건은 분명 믿는 자들과 믿

---

20 Beasley-Murray, *Jesus and the Last Days*, 189, 307.

21 Focant는 *Mark*, 544-45에서 "이것은 마가의 전형적인 성향인데, 인자를 다루는 어
   떤 본문도 위협적인 인물을 포함하지 않는다"라고 주장한다. 하지만 Focant가 막
   8:38을 무시하고 있음이 분명하다.

지 않아 자기의 목숨을 잃는 자들이 나닐 심판을 그리고 있다(8:36). 비록 "신의 가시적인 재림의 가장 중요한 목적이 하나님의 백성을 구 원하는 것이긴 하지만…그것이 심판의 행사 없이 이루어진다는 것 은 상상할 수 없다."[22] 인자 예수의 재림과 심판을 연관 짓는 신약의 여러 구절도[23] 마가복음의 독자들이 그런 가르침을 잘 알고 있었고, 13:24-27에 나오는 인자의 재림이 당연히 심판을 수반하리라고 여 겼을 것이라는 점을 역시 암시한다. 성경에 나오는 대다수 신의 현현 이 구원보다는 심판을 훨씬 더 많이 수반한다는 사실도, 재림이 하나 님의 백성을 위한 축복과 함께 하나님이 제시하신 구원을 거절한 자 들의 심판도 포함한다는 점을 그의 독자들이 인식할 거라고 마가가 가정했을 것이라는 점을 강력히 논증한다.

다양한 비유적 표현을 허용하면서도, 위에서 제시된 전통적인 견 해는 나사렛 예수가 인자로서 우리가 아는 바 역사를 끝내기 위해 문 자적·가시적으로 재림한다고 가정한다. 이 견해를 취하는 어떤 사람 들은 이에 더하여 최후의 심판 전 어떤 시점에 인자가 다스리는 지 상의 천년 왕국이 있을 거라 한다. 인자가 심판과 세상의 종말을 가 져온다는, 마가복음 13:26-27에 관한 좀 더 문자적인 해석을 거부하

---

22 Beasley-Murray, *Jesus and the Last Days*, 430.
23 참고. 마 13:36-43; 16:27; 19:28; 24:36-44, 45-51; 25:1-13, 14-30, 31-46; 눅 12:8-9; 요 5:25-29; 행 17:31; 고전 4:5; 살후 1:5-10; 2:8-10; 딤후 4:1; 벧후 3:10; 유 14-15; 계 19:1-21. 물론 마가복음의 독자들이 이 모든 가르침을 잘 알고 있었으리라 가정해서는 안 된다. 그러나 그들이 그런 가르침에 대해 무지했다고 가 정해서는 더더욱 안 된다!

는 이들은 여러 다른 해석을 제시했다. 그중 하나는 13:26-27의 표
현이 본질적으로 현재의 세상 질서를 이루는 사회·정치 구조에 대한
비유적 비판이라는 해석이다. 다른 하나는 이 구절들이 은유적으로
이스라엘에 닥칠 중대하고 강렬한 사건들을 예언함으로써, 이스라엘
이 그 길에서 돌이켜 현재의 시공간계에서 있을 재난을 피하게 하려
한다고 본다. 또 다른 제안은, 우리가 이 구절들에 나오는 표현의 신
화적 성격을 인식하고 그들을 "비신화화"함으로써 잠재된 실존적 의
미를 이해하고, 육체와 율법의 굴레로부터의 해방을 경험하여 성령의
자유를 누릴 수 있어야 한다고 말한다.[24] 이런 해석들은 역사적 예수
든 복음서 저자인 마가든, 그들에 의해 의식적으로 의도된 마가복음
13장의 의미를 이해하고자 하는 우리의 목표와는 관련되지 않는다.

  어느 정도 지지를 얻은 좀 더 최근의 해석은 마가복음 13:24-27에
나오는 세상 종말에 관련한 표현이, 이제 곧 이스라엘과 예루살렘 및
성전에 일어날 일이 가진 중요성과 예언자들에 의해 예언된 바 "포
로 귀환"의 성취를 표현하기에 적절한 은유일 뿐이라고 제안한다.[25]
이 견해는 마가복음 13:5-23이 기원후 70년에 일어난, 문자 그대로
의 성전 멸망을 가리킨다고 주장한다. 13:24b-25에 나오는 우주적
표현은 이 멸망이 신의 현현 사건으로서, 그 가운데 하나님이 로마
를 도구 삼아 믿지 않는 이스라엘을 심판하심을 나타낸다. 이와 유사

---

24 N. T. Wright, *Jesus and the Victory of God* (Minneapolis: Fortress, 1996), 208-
   14에 나오는 논의를 보라.
25 위의 책, 320-68.

하게, 13:26-27에 나오는 인자의 재림을 나타내는 우주적 이미지도 인자가 하늘로부터 와서 세상을 심판하고 세상 곳곳에서 그의 택하신 자들을 모으실, 아직 성취되지 않은 미래 사건을 가리키는 것이 아니다. 이 우주적 이미지는, 13:24b-25에 나오는 이미지와 마찬가지로 미래의 사건을 지시하지 않고, 성전 및 예루살렘의 멸망과 동시에 일어날 사건과 그것의 긍정적 귀결(예언의 성취로 인해 예수의 자기주장이 입증되며, 국제적인 하나님의 백성이 세워짐)을 가리키는 것으로서, 비유적으로 해석되어야 한다. 마가복음 13:26-27은 제자들이 13:4에서 질문한 예루살렘이 멸망할 "때"에 관한 대답의 일부로 이해되어야 한다. "예루살렘이 멸망하고 예수의 백성이 늦지 않게 파멸을 피해 나왔을 때, 야웨가 왕이 되시며, 그의 참 언약 백성의 해방이 일어나며, 참된 포로 귀환이 이루어지고, 새로운 세계 질서가 시작된다."[26]

위의 해석은 마가복음 13:24-27과 관련된 몇몇 어려움에 관한 해결책을 제시해준다. 그중 하나로 위의 해석은 "그때에"에 연루된 시간적 문제를 해결한다. 많은 해석자가 13:5-23에서 묘사된 성전의 멸망과 아직 안 일어난 인자의 재림으로 해석되는 13:24-27의 사건들을 시간상으로 분리하고자 하지만, 이 해석은 인자의 재림을 비유적으로 "참 이스라엘"의 해방과 기원후 70년의 성전의 멸망이 야기한

---

26 위의 책, 364. 또한 340도 참고하라: "야웨가 택한 성에 임할 멸망은 바벨론에 임했던 멸망과 같을 것이다. 마침내 망명 생활이 끝나는 것이다." 그러나 이 견해가, 기원전 587년의 바벨론에 의한 예루살렘의 멸망이 이스라엘의 추방으로 이어지지만, 기원후 70년의 로마에 의한 예루살렘 멸망은 그 정반대의 결과(포로 귀환!)로 이어진다고 가정하고 있음에 유의하라.

새 시대의 시작으로 해석함으로써, "그때에"가 제기하는 시간의 문제를 해소한다. 따라서 13:30에 나오는 "이 세대가 지나가기 전에 이 모든 일이 다 일어나리라"는 예수의 진술이 설명되는데, 왜냐하면 "이 모든 일"이 임박한 예루살렘의 멸망으로 곧 일어날 것이기 때문이다. 또한 이 해석은 13:5-23이 기원후 70년에 있을 예루살렘의 멸망에 대한 것이고, 따라서 대환난의 도래, 적그리스도의 출현, 재림, 세상의 종말과 같은 미래 사건을 그 본문 속으로 끌어들이는 해석을 해선 안 된다고 주장하는 점에서 옳다.

그러나 마가복음 13:24-27에 대한 위의 해석이 가지고 있는 많은 문제점은, 이 해석을 전통적인 해석에 비해 설득력이 떨어지게 만든다. 한 가지 문제는 우리가 비유적으로 해석해야 할 본문을 다루고 있는지, 문자적으로 해석해야 할 본문을 다루고 있는지를 결정하는 사안과 관련된다. 위에서 주어진 구약의 예들에서 사용된 우주적 표현은 비유적으로 해석되어야만 한다. 하지만 뒤따라오는 자료는 좀 더 문자적인 방식으로 해석되는 것이 최선이다: 이사야 13:10은 비유적으로, 하지만 이사야 13:11은 좀 더 문자적으로; 예레미야 4:23-24은 비유적으로, 하지만 예레미야 4:25-26은 좀 더 문자적으로; 에스겔 32:7-8은 비유적으로, 하지만 에스겔 32:9-10은 좀 더 문자적으로; 아모스 8:9은 비유적으로, 하지만 아모스 8:10-11은 좀 더 문자적으로; 사도행전 2:19-20은 비유적으로, 하지만 사도행전 2:18, 21은 좀 더 문자적으로 해석되어야 한다. 이와 유사하게, 마가복음 13:24-25의 비유적·우주적 표현 다음에는 좀 더 문자 그대로 일어날 사건(인자가 하늘로부터 오는 것을 "바라봄")에 대한 묘사가 뒤따라

온다.

"인자의 재림"은 단지 "참된 하나님 백성의 대적이 패배하고 참된 백성이 신원 된다는 두 가지를 나타내기에 적절한 1세기의 은유적 표현"[27]이 아니다. 이 점이 분명한 것은, 이런 정의가 마가복음 8:38, 14:62, 사도행전 1:11, 고린도전서 15:23, 데살로니가전서 4:15, 데살로니가후서 2:1, 디도서 2:13, 베드로후서 3:4과 같은 본문에서 "인자의 재림"이라는 표현을 대체할 수 없기 때문이다. 그렇게 대체하면 뜻이 통하지 않을 것이다. 이와 관련하여 마가복음 8:38이 특히 중요하다. 인자가 거룩한 천사들과 함께 영광과 심판으로 오심을 앞서 언급한 이 구절은 "결정적이며…다른 구절들이 어떻게 해석되어야 할지 그 방식을 규정한다."[28] 마가의 독자들이 이 단락을 읽었을 때의 맥락을 고려하면, 그들이 "인자" 칭호를 큰 영광 가운데 하늘로부터 오실 부활한 나사렛 예수를 언급하는 것으로 간주했을 것이라는 점이 분명해진다. 사도행전 1:9에서는 예수의 승천이 묘사되며 "구름이 그를 가리어 [제자들의 눈에] 보이지 않게 하더라"고 말하고, 1:11에서는 천사가 제자들에게 "너희 가운데서 하늘로 올려지신 이 예수는 하늘로 가심을 [너희가] 본 그대로 오시리라"(강조 추가)라고 말한다.

---

27 위의 책, 362. 참고. Scot McKnight, *A New Vision for Israel: The Teachings of Jesus in National Context* (Grand Rapids: Eerdmans, 1999), 135: "제자들은 박해를 피하게 될 것인데, 왜냐하면 하나님께서 로마로 하여금 불순종하는 백성들에 대한 하나님의 원한을 갚게 하심으로, 인자된 예수를 신원하시기 위해 일하실 것이기 때문이다."

28 Edward Adams, "The Coming of the Son of Man in Mark's Gospel," *Tyndale Bulletin* 56, no. 2 (2005): 60.

데살로니가전서 4:15-17에서 바울은 주의 재림(*parousian*)과 관련
하여 "주께서…친히 하늘로부터 강림하시리니…우리 살아남은 자들
도 그들과 함께 구름 속으로 끌어 올려 공중에서 주를 영접하게 하시
리니"라고 말한다. 또한 "주의 오심"은 데살로니가후서 2:1("우리 주 예
수 그리스도의 강림하심[*parousias*]과 우리가 그 앞에 모임에 관하여"), 고
린도전서 15:23("그리스도요…그가 강림하실 때에[*parousia*]"), 디도서
2:13("복스러운 소망과 우리의 크신 하나님 구주 예수 그리스도의 영광이 나
타나심을 기다리게 하셨으니")에도 언급되어 있다. 바울은 고린도교회
에 편지하면서 그의 첫 번째 편지를 아람어 기도 "마라나타"(*Marana
tha*)로 끝맺는다. 오늘날 대부분의 영어 성경은 그 기도를 "우리 주여,
오시옵소서!"(Our Lord, come!)라고 번역한다. 이는 유감스러운 일인
데, 이 번역이 바울이 고린도에 있는 그의 그리스인 독자들에게, 고
린도 사람들이 모르는 언어인 아람어로 이 기도를 쓰고 있다는 사실
을 감춘다는 점에서 그러하다! 하지만 이 독실한 열망의 기도는 초기
기독교 공동체의 예배에서 너무나 중요한 요소였기 때문에 아람어를
전혀 모르는 이들에 의해서도 되풀이되고 기억되었다. 후에 이 기도
의 그리스어 형태가 초기 교회 예배의 일부가 되었다(참고. 계 22:20).
베드로후서 3:4, 10, 12도 마찬가지로 주의 오심에 관해 이야기한다
(요 21:22-23도 참고).

아마도 마가복음 13:26-27과 가장 두드러진 병행을 이루는 구절
은 데살로니가전서 4:16-17일 것이다. 둘을 비교해보라.

그때에 큰 권능과 영광으로 "인자가 구름을 타고 오는 것을" 사람들이 보

리라. 또 그때에 그가 천사들을 보내어 자기가 택하신 자들을 땅끝으로
부터 하늘 끝까지 사방에서 모으리라(막 13:26-27)

주께서 호령과 천사장의 소리와 하나님의 나팔 소리로 친히 하늘로부터
강림하시리니 그리스도 안에서 죽은 자들이 먼저 일어나고 그 후에 우리
살아남은 자들도 그들과 함께 구름 속으로 끌어 올려 공중에서 주를 영접
하게 하시리니 그리하여 우리가 항상 주와 함께 있으리라(살전 4:16-17)

이 두 구절 간의 현저한 유사성에 주목해야 한다. "이 구절들은, 아마
도 예수에게까지 거슬러 올라가는 한 전승의 구전 변형(oral variants)
으로 보인다."[29] 또한 데살로니가전서 4:16-17이 마가복음 13:26-27
에 있는 이 전승의 성문 형태보다 15년에서 20년 앞선다는 점과, 데
살로니가전서에 나타난 주의 재림 전승에서 바울이 재림을 기원후
70년에 일어날 예루살렘의 멸망과 어떤 식으로도 연관 짓지 않는다
는 점에 유의해야 한다.

또한 우리는 마가복음 13:26-27의 표현을 종말에 관한 예수의 다
른 진술에서 발견하게 된다. 마태복음 13:40-42에서 예수는 "세상
끝", 최후의 심판, "풀무 불"을 언급하는데, 우리는 이 구절에서 마가
복음 13:26-27에 나오는 "인자", "보내리니", "천사들"과 같은 용어

---

29 Adela Y. Collins and John J. Collins, *King and Messiah as Son of God: Divine,
Human, and Angelic Messianic Figures in Biblical and Related Literature*
(Grand Rapids: Eerdmans, 2008), 172.

를 보게 된다. 마태복음 16:27-28(참고. 막 8:38; 눅 9:26)에서 예수는
그가 올 때 각 사람에게 최후의 심판이 있을 것을 이야기하시는데, 우
리는 이 구절에서 마가복음 13:26-27에서와같이 "인자", "오는 것",
"천사들", "영광"과 같은 용어를 보게 된다. 마태복음 25:31에서 예수
는, 와서 심판함으로써 영벌과 영생에 이르게 할 인자를 언급하시는
데(25:46), 우리는 여기서도 마가복음 13:26-27에서와같이 "인자",
"올", "영광", "천사들"과 같은 표현을 보게 된다. 마지막으로 마가복
음 14:62(참고. 마 26:64)에서 예수는, 마가복음 13:26-27에서와같이,
그가 "인자"로서 즉위할 것(참고. 행 2:33; 5:31; 시 110:1)과 그가 "오는
것", "구름"을 언급하신다.

  이 모든 것을 고려할 때, 마가와 신약의 다른 저자들이 예수가 큰
영광과 함께 하늘 구름을 타고 오리라는 언급을 이해할 때 지배적
인 영향을 끼친 것은, 다니엘 7:13의 저자가 뜻했던 바에 대한 가설
적 해석이 아니라,[30] 그들이 가지고 있었고 "목격자와 말씀의 일꾼 된
자들"(눅 1:2)에게서 배운 예수 전승들과 구전 혹은 성문의 형태로 그
들이 가지고 있었던 다른 사도적 가르침들이었음이 분명하다. 우리
는 마가복음의 저자가 (그의 독자들과 함께) 위에 언급된 예수의 강림
에 관한 이 모든 전승을 알고 있었다고 가정해서는 안 된다. 그러나
그는 분명히 그의 복음서 안에서 발견되는 전승들을 알고 있었고, 의
심할 여지 없이 그가 쓴 것 이상을 알고 있었다(참고. 요 21:25). 그러

---

30 이는 R. T. France, *The Gospel of Mark*, NIGTC (Grand Rapids: Eerdmans,
  2002), 503에 반한다.

므로 13:26-27에 대한 그의 이해와 관련하여 다음과 같이 결론짓는 것이 타당해 보인다: "인자의 강림에 대한 마가의 다른 언급들이 이 땅에 있는 사람들이 보게 될 미래의 출현을 가리키고 있으므로(8:38; 14:62), 전통적인 해석이 정당화되는 것으로 보인다."[31]

요약

마가복음 13:24-27은 마가복음 13장의 두 번째 부분을 시작한다. 첫 번째 부분은 성전의 위용에 관한 제자들의 진술에 대하여 예수가 13:2에서 성전과 예루살렘의 멸망에 관해 말씀한 바에 초점을 맞춘다. 성전의 건축학적·미학적 아름다움보다는 그 영적·도덕적 빈곤함에 더 깊은 인상을 받은 예수는, 곧 그 위에 내릴 신적 심판을 언급하신다.[32] 13:4에 나오는 이중 질문에 대한 예수의 대답은 "예수께서 이르시되"(13:5)라는 도입부와 "내가 모든 일을 너희에게 미리 말하였노라"(13:23)는 맺음말로 구분된다. 이 두 진술은 수미상관을 이루는 책버티개 역할을 함으로써, 13:5-23이 통일된 한 단락을 이루고, 그 안에 13:4에 나오는 제자들의 이중 질문에 대한 예수의 대답을 담아낸다.

　마가복음 13장이 이렇게 두 부분으로 나누어짐은 13:24-27의 도

---

31 Mary Ann Beavis, *Mark*, Paideia (Grand Rapids: Baker Academic, 2011), 200.
32 바울 역시 아테네의 파르테논과 아크로폴리스의 건축미보다는 그 우상숭배에 더 깊은 인상을 받았다(행 17:16, 19-31).

입부에 의해 더 분명해진다: "그러나 그때에, 그 환난 후." 13:1-23이
성전의 멸망과 그와 관련한 환난을 다룬 반면(참고. 13:19, "하나님께서
창조하신 시초부터 지금까지 이런 환난이 없었고 후에도 없으리라"), 13:24-
27은 그 고난과 환난 **이후**의 시기를 다룬다. 비록 13:24-27과 선행구
절 간에 시간적 연결점이 있긴 하지만("그때에"), 그보다 더 강한 단절
이 그들 간에 존재한다("그러나…그 환난 후", 즉 13:19에서 언급된 환난).

그의 독자들이 "그때에"(13:24a)를 이해하면서 마가가 원했던 바가
정확히 무엇인지와 상관없이, 그는 분명 그들이 13:24b-27을 13:5-
23에서 묘사된 성전과 예루살렘의 멸망 **이후**에 일어날 것으로 이해
하기를 원했다! 13:24b-25의 신의 우주적 현현은 하나님께서 행하
실 무언가를 가리키며, 신의 현현은 땅으로부터 하늘로 올라가지 않
고, 하늘로부터 땅으로 내려온다. 하늘로부터 땅으로 내려와 그의 교
회에 복을 가져오며 그의 적들에겐 심판을 가져올 예수에 관한 수많
은 신약의 언급은, 예수의 청중들과 마가의 독자들이 그것들을 통해
이 우주적 표현을 이해했을 배경을 구성한다. 그들이 매일 기도했던
"나라가 임하오시며"와 마라나타는 그들로 13:24b-25의 우주적 표
현을 "복스러운 소망과 [그들]의 크신 하나님 구주 예수 그리스도의
영광이 나타나심"(딛 2:13)을 통해 이것이 성취된다고 해석하도록 만
들었다. 그것은 하나님이 믿지 않는 이스라엘을 로마라는 도구를 통
해 심판하심으로써 성취되는 것으로 해석되지 않았을 것이다. 또한
그들은, 인자가 자기의 택한 자들을 땅의 사방으로부터 모으는 것이,
기원후 70년 예수의 제자들이 예루살렘으로부터 도망치는 것과 그들
이 세상 곳곳에 더욱 멀리 흩어지는 것을 가리킨다고 이해하지 않았

을 것이다. 마가복음 13:27이 암시하는 구약 예언들은 추방되어 끌려
간 자들을 앗수르, 애굽, 바드로스, 에디오피아, 엘람, 시날, 하맛, 바다
섬들, 유브라데, 북방 땅과 동서남북으로부터 그들의 고향과 예루살
렘의 성산인 시온으로 모으는 것에 관해 이야기한다.[33] 그 방향에 주
목해야 한다. **그것은 예루살렘으로부터 밖으로 땅끝을 향하지 않고, 땅
끝으로부터 안으로 예루살렘을 향한다!**

　마가복음 13:24-27은 인자가 하늘로부터 와서 그의 천사들을 보
내어 땅의 사방으로부터 그가 택한 자들을 모으는, 신적 현현의 행위
로 이해하는 것이 최선이다(하나님의 택하신 자가 아니라 "그의"[즉 인자
의] 택하신 자임에 주목하라! "그의"라는 대명사를 사용하는 데 내포된 기독론
은 참으로 높은 기독론이다!). 인자와 관련한 이 단락은 13:32-37에서
재림 시기의 불가지성에 관한 비유로 완성될 것이다. 그 누구도 모르
고, 심지어 천사들과 아들도 모르며, 오직 하나님 자신만 아신다. 그
러므로 예수의 청중과 마가의 독자들은 깨어 주의하라고 권고받는다.

　13:24-27에서 만난 가장 큰 문제는 13:24에 나오는 "그때에"라
는 시간적 연결어와 관련되는데, 이는 같은 구절에 나오는 "그러나…
그 환난 후"와 상반되는 듯 보인다. "그때에"는 종종 심판 혹은 회복
을 수반하는, 다가올 신적 현현의 사건을 묘사하는 데 사용된다(참고.
렘 3:16, 18; 5:18-19; 31:29-30; 33:14-16; 욜 2:29[3:2 MT, LXX]; 슥 8:23;

---

33 사 11:11-12; 27:12-13; 35:1-10; 43:5-13; 49:22; 60:1-9; 66:20; 렘 23:7-
　8; 31:10-14; 겔 39:25-29; 슥 10:6-12을 보라; 또한 토비트 13:13; 바룩 5:5-9;
　「솔로몬의 시편」 11:1-9도 참고하라.

에스드라2서 4: 51)[34] 하지만 13:17과 13:19에서 그것은 "마지막 날들"
을 가리키는 전문 용어로 쓰인 것이 아니라, 단순히 앞서 13:5-16에
서 언급된 날들을 가리킨다(참고. 막 1:9; 4:35; 8:1; 마 3:1; 눅 2:1; 4:2;
5:35; 9:36). 13:24의 "그때에"를 마지막 날들을 가리키는 전문 용어로
해석하려는 시도들이 있었다. 이는 인자의 재림 및 그에 선행할 우주
적 현상들이 13:5-23에 언급된 예루살렘의 멸망 이후에 온다고 언급
한 것을 설명할 것이다. 하지만 그렇게 함으로써 그런 해석은 예루살
렘의 멸망과 관련된, 13:17과 13:19에 나오는 가장 가까운 지시 대상
을 무시하고, 대신 13:1-23에 나오지 않는 어떤 것, 즉 인자의 재림을
그 지시 대상으로 선택한다. 비록 완벽하게 설득력 있지는 않지만, 위
에서 제시된 "예언적 관점"과 같은 것이 이와 관련하여 유용할지 모
른다(169-71쪽을 보라).

---

34 Craig A. Evans, *Mark 8:27-16:20*, WBC (Nashville: Nelson, 2001), 327; Joel
   Marcus, *Mark 8-16: A New Translation with Introduction and Commentary*,
   AYB (New Haven, CT: Yale University Press, 2009), 906.

6

무화과나무 비유와
다가올 성전(과 예루살렘)의 멸망

마가복음 13:28-31

본문과 도입말

28"무화과나무의 비유를 배우라. 그 가지가 연하여지고 잎사귀를 내면 여
름이 가까운 줄 아나니 29이와 같이 너희가 이런 일이 일어나는 것을 보
거든, 그가[그것이]¹ 가까이 곧 문 앞에 이른 줄 알라. 30내가 진실로 너
희에게 말하노니 이 세대가 지나가기 전에 이 일이 다 일어나리라. 31천
지는 없어지겠으나 내 말은 없어지지 아니하리라."

이 단락은 사실상 유비인 비유 하나(13:28-29)와 두 개의 말씀
으로(13:30-31) 이루어졌다. 메시지에 있어 변화가 있으며, 예수는

---

1   비록 *estin*이 "그/그녀/그것…이다"로 해석될 수 있지만, 이 단락은 성전 멸망에 관
    한 것이지 인자의 재림에 관한 것이 아니기에 "그것…이다"가 나은 해석이라는 점을
    뒤에서 주장할 것이다.

13:1-23에 있는 성전과 예루살렘의 멸망에 관한 그의 가르침을 재개한다.[2] 13:28-31에서 발견되는 자료와 13:4a과 13:4b에서 발견되는 제자들의 두 질문 간에는 밀접한 문학적 관계가 있다. 이는 13:4a과 13:29a의 "이런 일들"(NRSV에서는 "this"이지만, 그리스어 원문은 복수형 *tauta*)의 반복과, 13:4b과 13:30의 "이 모든 일"(*tauta panta*)의 반복에서 드러난다. 13:29-30의 독자들은 일찍이 이 장의 서두에서 이 두 표현이 같은 순서로 짝지어져 있음을 기억할 것이다. 13:4에 나오는 "이런 일들"과 "이 모든 일"에 관한 제자들의 이중 질문과 그에 관한 예수의 대답이 성전과 예루살렘의 멸망과 관계된 것이므로, "이런 일들"과 "이 모든 일"과 관련한 여기의 비유와 말씀들도 성전과 예루살렘의 멸망에 관한 언급으로 해석되어야 한다. 이와 유사하게, 13:24-27이 13:5-23에 나오는 성전과 예루살렘의 멸망에 관한 가르침에 인자의 재림이라는 새로운 주제를 도입한 것처럼, 13:32-37도 13:28-31에 나오는 성전과 예루살렘의 멸망에 관한 가르침에 인자의 재림이라는 주제를 재도입할 것이다. 이는 2장에서 기술된 ABA′B′ 패턴을 완성한다.

A 13:5-23 예루살렘의 멸망

B 13:24-27 인자의 재림

A′ 13:28-31 예루살렘의 멸망

---

2 Ben Witherington III, *The Gospel of Mark: A Socio-Rhetorical Commentary* (Grand Rapids: Eerdmans, 2001), 348.

B′ 13:32-37 인자의 재림[3]

예루살렘의 멸망에 관한 두 개의 추가 정보를 이 구절들에서 찾을 수 있다. 하나는 예루살렘의 멸망이 "이 세대"의 생전에 일어나리라는 것이다(13:30). 이 진술은 "이 세대"라는 표현이 해석되어 온 다양한 방식이 보여주듯이 많은 혼란을 낳았다. 이 표현과 연루된 어려움의 대부분은 13:29과 13:30의 "이런 일들"과 "이 모든 일"을 잘못 해석한 데서 기인한다. 우리는 13:4에 나오는 제자들의 이중 질문과 13:5-23에 나오는, 이 두 질문에 관한 예수의 대답 그리고 지금 다루고 있는 본문의 "이런 일들"과 "이 모든 일"의 용례를 모두 고려하여, 이 두 표현에 대한 통전적인 해석을 추구할 것이다. 이것은 우리가 "이 세대"라는 표현과 그것과 13:5-23 및 13:28-31에서 묘사하는 사건 간의 관계를 이해할 수 있게끔 할 것이다. 우리가 다루고 있는 본문에서 찾을 수 있는 마지막 정보는 예수의 "내가 진실로 너희에게 말하노니"(13:31)라는 언급에서 강조된 "천지"의 종말과 관련된다.

마가복음 13:28-29: 무화과나무 비유

무화과나무 비유는 11:12-14과 11:20-21에 나오는, 무화과나무에 대한 저주와 관련한 예수의 비유적 행위를 상기시킨다. 마가에게 있

---

3 위 60쪽과 69쪽을 보라.

어 이 비유적 행위는 예수의 성전 정화 행위의 의미를 결정하는 해석의 열쇠로서 이해되도록 의도되었다. 성전 정화(11:15-19)를 무화과나무 저주 사건의 두 부분 사이에 끼워 넣고 "이는 무화과의 때가 아님이라"는 주석을 첨부함으로써 마가는 그의 독자들이 예수의 이 행위를 성전 정화를 해석하는 비유적 길잡이로 이해하도록 의도했다. 이 행위는 본질적으로 정화나 개혁의 행위로서 이해되도록 의도되지 않았다. 오히려 그것은 종교 지도층과 성전에 대한 심판의 행위였다.[4]

왜 예수가 이 비유에서 "무화과나무"를 예로 선택했는지는 확실히 알 수 없다. 이에 대해 많은 제안이 있다: 감람산은 감람나무뿐 아니라 무화과나무로도 유명하다;[5] 예수는 그의 청중들이(또한 마가는 그의 독자들이) 이 비유를 11:11-14, 20-21에 나오는 무화과나무 저주에 비추어 해석하기를 원했다; 마침 근처에 있던 무화과나무가 예수의 가르침을 위한 즉각적인 예를 제공했다; 무화과나무는 팔레스타인에서 몇 안 되는 낙엽수 중 하나이고, 무화과나무에 싹이 트는 것은 무언가(여름)가 다른 무언가(무화과나무에 싹이 트는 것)를 자연스레 따라오는 것을 나타낼 훌륭한 예가 되었을 것이다 등등. 이 중 마지막 설명은 꽤 가능성이 있는데, 왜냐하면 기술된 무화과나무의 변화는 4월 중, 유월절 경에 일어나기 때문이다(참고. 14:12). 그러므로 이 비유의 묘사부(무화과나무 가지에 싹이 트고 여름이 뒤따라 오는 것)는 비유의

4   Robert H. Stein, *Mark*, BECNT (Grand Rapids: Baker Academic, 2008), 511-18.

5   William L. Lane, *The Gospel According to Mark*, NICNT (Grand Rapids: Eerdmans, 1974), 479.

사실부("이런 일들이 일어나고" 그 뒤를 따라 "그것이 가까이 이르는 것")에 대한 훌륭한 예를 제공한다. 이 비유에 내포된 비교의 주안점은 다가올 것의 확실성이 아니라 그것의 근접함과 관련된다.[6] 이 비유를 소망의 징조(인자의 재림이 임박함)로 해석해야 할지[7] 아니면 심판의 징조(성전과 예루살렘의 멸망이 임박했다)로 해석해야 할지는 자명하지 않다. 그것은 13:28-31이 해석되는 방식에 따라 결정되어야 한다. "그가/그것이 가깝다"는 "그"(인자) 또는 "그것"(예루살렘의 멸망)으로 해석될 수 있다. 만약 13:24-27에 대한 전통적 해석을 고수한다면, "이다"(is)의 지시 대상은 인자의 재림인 것처럼 보일 것이다. 그러나 이는 13:29에 관한 다음과 같은 해석을 수반할 것이다: "[너희가] 큰 권능과 영광으로 '인자가 구름을 타고 오는 것'을 보거든[13:26]…그[인자]가 가까이…이른 줄 알라." 이런 진술은 무의미하다.[8] 반면, 13:24-27이 예루살렘 멸망에 관한 은유적 묘사를 언급한다고 해석한다면, "그가/그것이 가깝다"의 지시 대상은 기원후 70년의 사건들과 관계될 것이다. "곧 문 앞에"는 숙어적 표현으로, 본질적으로 다가올 사건의 "근접성"을 강화한다.[9] 마가는 이 비유를 이해하는 데 필요한 몇 가

6 Camille Focant, *The Gospel According to Mark: A Commentary*, trans. L. R. Keylock (Eugene, OR: Pickwick, 2012), 549.

7 Joel Marcus, *Mark 8-16: A New Translation with Introduction and Commentary*, AYB (New Haven, CT: Yale University Press, 2009), 910.

8 C. E. B. Cranfield, "Thoughts on New Testament Eschatology," *Scottish Journal of Theology* 35 (1982): 502; Edward Adams, *The Stars Will Fall from Heaven: Cosmic Catastrophe in the New Testament and its World*, LNTS 347 (New York: T & T Clark, 2007), 165.

지 도움이 되는 해석상의 단서들을 제공한다. 그 하나는 13:4에서 발견되는 "이런 일들"(*tauta*)과 "이 모든 일"(*tauta panta*)이라는 표현을 같은 순서로 반복한 것과 관련된다. 이 표현들은 13:4에 있는 제자들의 질문에 필수적인 요소들이고, 13:2에 있는 성전 멸망에 관한 예수의 진술인 "네가 이 큰 건물들을 보느냐? 돌 하나도 돌 위에 남지 않고 다 무너뜨려지리라"를 겨냥한 것이다. 그다음 13:5-23에서 예수가 제자들에게 한 대답은 13:4에 있는 제자들의 이중 질문에 관한 것이다. 13:29에서 언급된 "이런 일들"과 13:30에서 언급된 "이 모든 일"은 분명히 13:4에서 그것들을 사용한 것을 상기시키며 같은 것(성전과 예루살렘의 멸망)을 지시하는 것으로 이해되도록 의도된 것이다.[10] 서언("예수께서 그들에게 이르시기를 시작하시되", 13:5a)과 맺음말("내가 모든 일을 너희에게 미리 말하였노라", 13:23b)이 보여주듯, 하나로 단단히 결합된 단락을 이루는 13:5-23에서 예수가 한 대답이 이를 분명케 한다. 또한 13:29의 "너희가…보거든"(*botan idēte*)은 13:14의 "너희가 보거든"(*botan idēte*)을 포착하여 13:4b에 나오는 제자들의 질문에 담긴, 성전과 예루살렘의 멸망에 선행할 "징조" 및 그 징조가 "멸망의 가증한 것"이 되리라는 예수의 대답(13:14)을 논한다. 이는 다음과

9　Joachim Jeremias, "θύρα," in *The Theological Dictionary of the New Testament*, ed. Gerhard Kittel (Grand Rapids: Eerdmans, 1982), 3:173-74을 보라.

10　"29절의 **이러한 일들**은 분명히 4절과 8절의 '이러한 일들'과 23절의 '모든 일'(그리스어로 '모든 일들'), 즉 예루살렘의 멸망을 포함한, 제자들이 예상해야 할 환난들을 가리킨다." Larry W. Hurtado, *Mark*, NIBC (Peabody, MA: Hendrickson, 1983), 223. 또한 Robert H. Gundry, *Mark: A Commentary on His Apology for the Cross* (Grand Rapids: Eerdmans, 1993), 747도 참고하라.

같은 병행구로 귀결된다.

너희가 멸망의 가증한 것을 **보거든**, 유대로부터 도망가 임박한 예루살렘
의 멸망과 그에 수반될 환난을 피하라.
너희가 이런 일들[무화과나무의 가지에 싹이 트는 것]을 **보거든**, "그
것"[예루살렘의 멸망]이 가까이 이른 줄 알라.

마가복음 13:30-31:
"내가 진실로 너희에게 말하노니 이 세대가 지나가기 전에…"

비유에 이어 나오는 예수의 첫 말씀은 "내가 진실로 너희에게 말하노
니"로 강조된다(참고. 3:28; 8:12; 9:1, 41; 10:15, 29; 11:23; 12:43; 14:9,
18, 25, 30). 유대교에서 "진실로"(āmēn)는 일반적으로 어떤 진술을
마무리 짓는 데 사용되었다. 예수가 그것을 어떤 진술의 도입부에 사
용한 것은 이례적인 일이며, 이어지는 말의 중요성을 강조한다. 그것
은 또한 그 진술의 진정성을 지지한다. 13:28-31이 예루살렘의 멸망
이 아니라 인자의 재림을 가리키는 것으로 해석하는 이들에게 이 말
씀은 중대한 문제를 일으킨다. 문자 그대로의 의미로 볼 때, 예수의
세대는 지나갔고 인자의 재림은 일어나지 않았다. "내가 진실로 너
희에게 말하노니"라는 강조어는 외관상의 미성취를 더욱 곤란한 것
으로 만드는데, 그것이 선생과 예언자로서 예수의 진실성과 신뢰성
에 의문을 제기한다는 점에서 그러하다. 이에 더하여 "지나가기 전

에"(will not pass away)는 그리스어에서 가장 강한 부정(강조된 부정의 가정법[ou mē])을 포함한다.[11] 그 결과, "이 세대"(hē genea hautē)라는 예수의 언급을 "사실들"과 조화시킬 수 있는 방식으로 해석해 보려는 많은 시도가 있었다. 이들 중에는 "이 세대"를 유대인들, 인류, 예수의 제자들, 혹은 종말의 마지막 세대의 존속을 지칭하는 것으로 해석하는 시도들이 포함된다. 그러한 시도들에는 몇 가지 문제점이 있다. 그 중 하나는 이런 해석들이 모두 그 구절을 이해하는 가장 자연스러운 방식을 무시한다는 것이다.[12] "이 세대"의 지시 대상은 문법적으로 예수가 "내가 진실로 너희에게 말하노니"라고 말하는 "너희", 즉 제자들이어야만 한다. 둘째로, 마가복음에서 "이 세대"라는 표현이 발견되는 다른 모든 구절(8:12[2번], 38; 참고. 9:19)에서 그것은 언제나 예수의 동시대인들을 가리킨다.[13] 마지막으로, 만약 위 단락에서 주장한 바대로 마가가 13:29-30에서 "이런 일들"과 "이 모든 일"이라는 표현을 사용한 것이 13:4에서 동일한 이 두 표현을 사용한 것을 거슬러 언급하는 것이라면, "이 세대"가 살아서 볼 것은 예수가 13:2에서 예언하고 13:5-23에서 자세히 설명하신 성전과 예루살렘의 멸망이다. 결과적으로, 예수의 진술이 가진 외관상의 문제는 사라지는데, 이는 "이

11　강조된 부정의 가정법(ou mē)은 9:1, 41; 10:15; 13:19, 30; 14:25에서도 발견된다. 또한 강조된 부정의 미래형인 13:31; 14:31도 참고하라.

12　Marcus, *Mark 8-16*, 911-12.

13　참고. Lane, *Mark*, 480; R. T. France, *The Gospel of Mark*, NIGTC (Grand Rapids: Eerdmans, 2002), 539. 다른 복음서에서 이 표현이 유사하게 사용된 예로는 마 11:16; 12:41, 42, 45; 23:36; 24:34(또한 12:39; 16:4; 17:17도 참고); 눅 7:31; 11:29, 30, 31, 32, 50, 51; 17:25; 21:32(또한 9:41도 참고).

세대"가 가리키는 바에 대한 독특한 해석 때문이 아니라 오히려 마가
복음 13:4과 13:29-30의 "이런 일들"과 "이 모든 일"이라는 표현에
대한 일관된 해석, 그리고 13:5-23에 있는 예수의 가르침이 13:2에
언급된 성전과 예루살렘의 멸망에 관한 그의 진술을 설명한 것이라
는 점 때문이다.[14]

무화과나무 비유를 포함하는 이 단락의 마지막 말씀은 예수가 그
의 가르침의 신뢰성을 친히 보장하는 것과 관련된다. 13:31의 "내 말
들"이 정확히 무슨 가르침을 지시하는 것인지가 논의됐다. 그것은 바
로 앞 절의 "이 모든 일"이 성취될 때까지 이 세대가 생존하리라는 그
의 진술을 가리킬 수도 있고,[15] 마가복음 13장에 나오는 그의 가르침
전부를 가리킬 수도 있고, 혹은 그의 사역 동안 그가 가르친 바 전부
를 가리킬 수도 있다.[16] 분명 마가와 그의 독자들은 이 중 마지막 것
이 적어도 함축되었다고 가정했을 것이다. 왜냐하면 그들이 13:28-
30에 나오는 예수의 가르침은 영원히 남지만 예수의 다른 가르침은
없어질 것이라고 생각하는 것은 불가능했을 것이기 때문이다. 한시
적 피조 질서와 예수의 영원한 말씀 간의 대조와 관련하여 우리는 피
조물의 비영속성과 하나님 말씀의 영속성을 대조시키는 구약의 말씀

---

14 참고. Witherington, *Mark*, 348: "30절은 다양한 방식으로 곡해되었고 다양한 의
　미가 부여되었다(그것은 이 인류를 가리키는가?). 그러나 만약 그 비유가 24-27절
　이 아니라 3-23절에 딸린 것이라면, 그러한 주석적 체조(exegetical gymnastics)
　는 불필요하다."

15 Craig A. Evans, *Mark 8:27-16:20*, WBC (Nashville: Nelson, 2001), 336.

16 C. E. B. Cranfield, *The Gospel According to Mark*, CGTC (New York:
　Cambridge University Press, 1959), 410.

(시 102:25-27; 사 40:6-8; 51:6; 참고. 「솔로몬의 지혜」 18:4; 에스드라2서 9:36-37; 바룩 4:1)과 유사한 예수의 말씀(마 5:18; 눅 16:17)을 기억하게 된다.[17] 현 피조계의 비영속성을 언급하는 다른 성경구절들로는 창세기 8:22, 이사야 54:9-10, 히브리서 1:10-12, 베드로후서 3:7, 10, 요한계시록 6:14, 20:11, 21:1이 있다. 예수의 진술이 가진 기독론적 중요성에 주목해야 한다. 토라와 마찬가지로 그의 말씀은 결코 없어지지 아니할 것이다! 구약에서 주님은 그의 약속이 자연의 추세만큼이나 영구불변하다고 이스라엘에게 보증하신 반면(밤과 낮, 렘 33:20-21), 예수는 그의 가르침이 자연보다 훨씬 더 영속적이며 불멸한다고 말하고 있다.

요약

성전과 예루살렘의 다가올 멸망(13:5-23) 및 인자의 재림에 의한 만물의 완성에 관해 가르친 후(13:24-27) 예수는 마가복음 13:28-31에서 두 개의 설명적 비유 중 첫 번째를 말씀하신다. 이것은 13:4a과

---

17 성경은 창조세계 질서의 영속성을 가르친다는 그의 전제를 기초로, France, *Mark*, 540은 13:31을 아포르티오리 논증(*a fortiori*)으로 해석한다: "천지는 없어진다 해도(그것들은 없어지지 않을 것이다), 내 말은 결코 없어지지 아니하리라." 그러나 13:31은 "만약"으로 시작하지 않는다. 그러므로 이 구절은 단순 진술로 해석하는 것이 최선이다: "천지는 없어지겠으나 내 말은 없어지지 아니하리라." 유익한 논의를 위해서는 Adams, *Stars Will Fall*, 10-16, 252-56을 보라.

13:29 그리고 13:4b과 13:30에 나오는 두 개의 핵심 표현인 "이런 일들"과 "이 모든 일"에 의해 예루살렘의 멸망에 관한 가르침과 밀접히 연결된다. 또한 13:29의 "너희가 보거든"은 이 단락을 멸망의 가증한 것과 연관된 13:14의 "너희가 보거든"과 긴밀히 연결시킨다. 마지막으로, 13:4a에 나오는 제자들의 첫 번째 질문인 "어느 때에 이런 일들이 있겠사오며"는, "이 세대가 지나가기 전에 이런 일들이 다 일어나리라"는 예수의 진술(13:30)과 그가 말씀한 것이 천지의 존속보다 더 영구하고 확실하다는 그의 확언으로 대답된다.

7

파수꾼 비유와
인자의 재림에 대비하여
깨어 있으라는 권고

마가복음 13:32-37

본문과 도입말

32"그러나 그날과 그때는 아무도 모르나니, 하늘에 있는 천사들도, 아들도 모르고, 아버지만 아시느니라. 33주의하라. 깨어 있으라. 그때가 언제인지 알지 못함이라. 34가령 사람이 집을 떠나 타국으로 갈 때에 그 종들에게 권한을 주어 각각 사무를 맡기며 문지기에게 깨어 있으라 명함과 같으니 35그러므로 깨어 있으라. 집 주인이 언제 올는지, 혹 저물 때일는지, 밤중일는지, 닭 울 때일는지, 새벽일는지 너희가 알지 못함이라. 36그가 홀연히 와서 너희가 자는 것을 보지 않도록 하라. 37깨어 있으라. 내가 너희에게 하는 이 말은 모든 사람에게 하는 말이니라."

마가복음 13:32을 13:28-31의 결론으로 이해하는 것이 최선인지,[1] 아니면 13:33-37의 도입부로 이해하는 것이 최선인지에[2] 대한 논의가 있다. 이 구절은 몇 가지 이유로 마가복음 13장의 마지막 단락의 시작으로 이해하는 것이 최선이다. 첫째, 13:33-37의 깨어 있으라는 명령은 인자의 재림의 때를 알 수 없음에 기반을 둔다(13:32). 반대로 제자들은(13:28-30의 "너희"에 주의하라) "이런 일들"과 "이 모든 일"(13:29-30)의 징조에 유의해야 한다.[3] 그러므로 "그날"에 대해 하나님을 제외하곤 아무도 모른다는 사실은, 임박한 예루살렘의 멸망을 예고하는 멸망의 가증한 것의 징조를 찾으라는 13:4과 13:14에서의 명령과 13:28의 무화과나무 비유에 나오는 다가올 여름의 징조를 찾으라는 명령보다는, 13:33-37의 "징조 없음"에 보다 잘 들어맞는다. 대조적으로 13:35에 있는 집주인의 귀환은 그에 선행하는 아무런 "징조"도 없다. 둘째, "내가 진실로 너희에게 말하노니 이 세대가 지나가기 전에 이 일이 다 일어나리라"의 "완전한 확실성"은[4] 13:32의 예수가 "그때와 시"를 알지 못함과 현저한 대조를 이룬다. 셋째, 13:32의 "그러나…에 대해서는"(peri de)은 신약의 다른 곳에서와 마

1 Craig A. Evans, *Mark 8:27-16:20*, WBC (Nashville: Nelson, 2001), 333-37; Joel Marcus, *Mark 8-16: A New Translation with Introduction and Commentary*, AYB (New Haven, CT: Yale University Press, 2009), 910-18; Camille Focant, *The Gospel According to Mark: A Commentary*, trans. L. R. Keylock (Eugene, OR: Pickwick, 2012), 548-52.

2 William L. Lane, *The Gospel According to Mark*, NICNT (Grand Rapids: Eerdmans, 1974), 480-84; Morna D. Hooker, *The Gospel According to Saint Mark*, BNTC (Peabody, MA: Hendrickson, 1991), 322-24; James R. Edwards, *The Gospel According to Mark*, PNTC (Grand Rapids: Eerdmans, 2002), 406-9; R. T. France, *The Gospel of Mark*, NIGTC (Grand Rapids: Eerdmans, 2002), 541-46; 대부분의 영어 번역들(RSV, NRSV, NIV, ESV, NAB).

3 Hooker, *Mark*, 322.

4 France, *Mark*, 541.

찬가지로 여기서도 주제의 전환을 알리는 것으로 이해하는 것이 최
선이다. 이는 특별히 고린도전서 7:1, 25, 8:1, 12:1, 16:1, 12, 데살
로니가전서 4:9, 5:1에서 분명하게 드러난다.[5] 넷째, 마가복음 13장
의 이 마지막 단락에서 우리는 성전과 예루살렘의 멸망이라는 주제
(13:1-4, 5-23, 28-31)에서 다시 인자의 재림이라는 주제로 전환하는
것(13:24-27)을 볼 수 있다. 13:32에 나오는 "그날"의 선행사로 가장
적합한 것은 "그날에 그 환난 후"(13:24) 있을 인자의 재림이다(13:24-
27). 다섯째, 마태는 분명하게 13:32(마24:36)에 나오는 예수의 말씀
을 24:37-44에 나오는 인자의 재림과 결합시키고 있다(특히 37, 42,
44절을 보라). 이 점은 "그러나 그날과 그때는 아무도 모르나니…오
직 아버지만 아시느니라"(24:36)가 인자의 재림을 다루는 "이는 노아
의 때와 같이…"로 이어지는 부분(24:37-44)에서 분명해진다. 마지
막으로, 마가복음 13장의 다른 주요 단락 중 어떤 것도 권고로 시작
하지 않는다는 점을 유의해야 한다(참고. 13:1, 5, 14, 24, 28). 따라서
마지막 단락을 13:33의 권고로 시작하는 것은 아주 이상한 일일 것
이다. 결과적으로 13:32은 13:28-31을 마무리짓는 구절이라기보다

---

5 Jeffrey A. Gibbs, *Jerusalem and Parousia: Jesus' Eschatological Discourse in
   Matthew's Gospel* (St. Louis: Concordia Academic Press, 2000), 172-73은, 마
   태복음의 병행 구절(24:36)에서 "그러나…에 대해서는"이란 표현이 24:3에 나온 제
   자들의 이중 질문의 두 번째 부분으로 돌아가 그것에 대답한다고 주장한다. 마태복
   음에서는 이것이 맞을 수 있다. 하지만 막 13:32의 "그러나…에 대해서는"은 13:28-
   31에서 다룬 성전의 멸망과 대조되는 새로운 주제를 도입하며, 13:4에 있는 제자
   들의 두 번째 질문이 아니라 인자의 재림에 관한 예수의 가르침이 나오는 전 단락
   (13:24-27)을 상기한다.

는 13:33-37의 자료를 도입하는 구절로 이해하는 것이 최선이다.[6]

언어학적으로, 이 단락은 세 개의 복수형 명령 구문을 중심으로 결합된 구조를 이룬다: "주의하라, 깨어 있으라"(13:33), "깨어 있으라"(13:35), "깨어 있으라"(13:37). 이 단락은 인자가 재림하는 때의 불가지성에 관한 도입 진술(13:32), 그 사건의 불가지성을 이유로 그에 대비해 주의를 게을리 말고 깨어 있으라는 이중 경고(13:33), 예화적인 비유와 그 해석(13:34-36), 깨어 있으라는 마지막 경고(13:37)로 이루어져 있다.

13:28-31에서 성전 멸망의 "때"에 관해 비유적인 설명을 제공한 예수는 이제 "그날"(인자의 재림)이 언제일지 알 수 없음에 관해 진술하고 이것의 결과를 해설하신다. 그는 성전과 예루살렘의 멸망에 관련한 "이런 일들"과 "이 모든 일"(13:4, 29-30)이라는 주제에서 그 환난/고난 후 인자가 구름을 타고 큰 권능과 영광으로 와서(13:26) 그의 택하신 자들을 모을 때인(13:27) "그날과 그때"로 주제를 전환함으로써 이를 시작하신다.

---

6 비록 구약에서 "그날들에"가 "그날에"의 동의어로 쓰일 수 있긴 하지만(참고. 욜 3:18; 또한 욜 2:1-2, 32; 3:14과 "주의 날"도 참고), 마가복음 13장에서 이 두 표현은 서로 다른 사건을 나타낸다. 13:17, 19, 24의 "그날들에"(또한 13:20도 참고)는 특정한 날을 가리키지 않는데, 왜냐하면 13:5-24에서 어떠한 특정한 날도 부각되지 않기 때문이다. 13:14조차도 "멸망의 가증한 것[황폐케 하는 신성모독, NRSV]이 서지 못할 곳에 선 것을 너희가 볼 때[알게 될 때]"라는 징조에 관한 언급만큼이나 어떤 특정한 날을 꼽지 않는다.

마가복음13:32-33:
아무도 모르고 아버지만 아시느니라

비록 어떤 학자들은 13:32의 진정성을 부인했지만,[7] "그것의 거슬림
(offence)이 그것의 진정성을 보증한다."[8] 이 구절이 초기 교회에 야기
했을 어려움을 감안하면 이 말씀이 초기 기독교 공동체에 의해 창안
되었을 가능성은 극히 희박하다.[9] "그날"(that day)의 정확한 지시 대
상이 무엇인지가 논의되었다. 어떤 이들은 이 표현이 13:24의 "그때
에"와 동의어라고 주장한다. 하지만 이 두 표현은 같지 않다. "그때에"

---

7 Rudolf Bultmann, *The History of the Synoptic Tradition*, trans. John Marsh
   (New York: Harper, 1963), 123.

8 Vincent Taylor, *The Gospel According to St. Mark* (London: Macmillan, 1952),
   522. 참고. John P. Meier, *A Marginal Jew: Rethinking the Historical Jesus*
   (New York: Doubleday, 1991), 169은 이 말씀의 진정성이 이 말씀이 "당혹성
   (embarrassment)의 기준"을 충족시킴으로 지지받는다고 지적한다. 이 기준에 의
   하면 이 말씀이 초기 교회의 기독론에 끼쳤을 당황스러움은 초기 교회가 이 말씀
   을 지어냈을 가능성을 희박하게 만든다. 13:32가 원래는 독립된 말씀이었는데 마가
   에 의해 지금의 위치에 들어간 것(George R. Beasley-Murray, *Jesus and the Last
   Days: The Interpretation of the Olivet Discourse* [Peabody, MA: Hendrickson,
   1993], 453)인지 아닌지는 우리의 논의와 특별한 관련성이 없다. 예수가 13:30의
   말씀과 13:32의 말씀을 이야기했을 리 없다고 주장되었지만, 만약 마가가 그 두 말
   씀을 "차례로" 배치할 수 있었다면, 예수 역시 그리했을 수 있었을 것이다.

9 이 어려움은 누가가 그의 복음서에서 이 구절을 생략한 것과 병행 구절인 마태복
   음 24:36의 여러 사본이 "아들도"를 생략한 것($\aleph^1$ L W f^1 vg. syr.), 하나님의 아
   들의 명백한 무지를 해명하려 한 초기 교회의 다양한 노력에서 드러난다. Francis
   X. Gumerlock, "Mark 13:32 and Christ's Supposed Ignorance: Four Patristic
   Solutions," *Trinity Journal* 28 (2007): 205-13. 어떤 것을 알지 못함이 가르침의
   오류와 동일시되어서는 안 됨을 유의해야 한다.

는 13:17, 19, 24에 나오는, 예루살렘의 멸망과 그에 이르기까지의 여러 사건과 관련한 일정 기간을 가리킨다. 이는 멸망의 가증한 것의 출현과 그에 따른 예루살렘으로부터의 도피를 포함한다. 반면 "그날" 은 13:34-35의 비유에서 일정 기간이 아니라, 집주인의 갑작스러운 출현이라는 사건을 가리킨다. 앞의 비유에서 무화과나무의 점차적인 팽창이 예루살렘의 멸망이 다가옴을 경고하는 것과는 대조적으로, 이 비유는 "그날"의 갑작스러움과 예기치 못함에 관해 이야기한다. 또한 "그날"이라는 표현이 신현 사건을 나타내는 구약의 관례적 표현이라 는 점에 주목해야 한다(사 2:11-12, 20; 34:8; 렘 46:10; 겔 13:5; 욜 3:18; 암 5:18-20; 8:3, 9, 13; 9:11; 미 4:6; 5:10; 7:12; 습 1:7-18; 3:16; 슥 9:16; 14:1-21). "그날", "~의 날", "~하는 날"과 같은 용어들의 상호교환성 은 이사야 2:11-22(특히 12, 17, 20절), 예레미야 46:10, 에스겔 7:7-27(특히7, 10, 12, 19절), 30:2-3과 같은 구절들을 통해 입증된다. 신약 에서 우리는 인자의 재림을 묘사하는 데 사용된 유사한 표현들을 발 견하게 된다(살전 5:2, 4; 살후 2:2, 3). 그러므로 13:32의 이 표현은 아 마도 예수의 청중들에게도, 마가의 독자들에게도 친숙한 것이었을 것 이고, 마가의 독자들은 그것을 인자의 재림에 대한 그들의 기대와 소 망에 비추어 해석했을 것이다.

"아무", "하늘에 있는 천사들", "아들", "아버지"로 올라가는 순서는[10] 참으로 고양된 기독론을 포함한다. 예수는 인간이나 천사와 구별될 뿐 아니라 그들보다 우월하며 유일한 하나님의 아들이시다. 앞서 악

---

10 France, *Mark*, 543.

한 농부의 비유에서 그는 하나님의 종들 및 예언자들과 구별되는, 하
나님이 "사랑하는" 아들이다(12:6). 비록 그도 예언자이긴 하지만, 예
수는 단순히 "예언자" 중의 하나로 분류될 수 없다. 그는 아들이다! 이
것은 결코 예언자들을 비하하는 것이 아니라 다만 하나님의 아들 예
수의 우월성과 유일성을 나타내는 것이다.[11] 예수를 무조건적으로 "아
들"이라 일컫는 유사한 경우는 12:6과 소위 "요한의 뇌전"(Johannine
thunderbolt)이라 불리는 마태복음 11:27/누가복음 10:22을 참고
하라.

13:33에 나오는 첫 번째 경고는 "주의하라"는 권고와 "깨어 있
으라"는 권고로 이루어져 있다. 비록 많은 사본이 "그리고 기도
하라"(kai proseuchesthe)를 덧붙이지만,[12] 만약 그것이 원본의 일부
였다면 왜 사본 B와 D에서 그것이 생략되었는지를 설명하기 힘들다.
아마도 "깨어 있어 기도하라"는 경고를 포함하는 14:38에 그 문구가
들어 있기 때문에, 후기에 마가복음 13:33에도 그 문구가 삽입되었
을 가능성이 가장 높다. 13:33이 원래 복음서 전승에 있어 고립된 말
씀(Einzelwort)이었는데, 마가의 경우 이어지는 파수꾼의 비유를 도입
하기 위해 그 말씀을 첨부했고, 마태는 마태복음 25:13에서 열 처녀
의 비유를 결론짓기 위해 그 말씀을 첨부했다고 주장되었다.[13] 이 모
든 주장은 매우 사변적이며 우리가 가지고 있는 마가복음의 현재 본

---

11 이러한 구별은 신약 전체에 걸쳐 나타난다. 다음의 예들을 참고하라: 히 1:1-9; 요
  3:16-17, 35, 36(2번); 5:19(2번), 20, 21.

12 ℵ A C L W θ f¹ f¹³ *lat. syr.*

13 Beasley-Murray, *Jesus and the Last Days*, 301.

문을 이해하고자 하는 데는 별로 중요하지 않다.

마가복음 13:34: 파수꾼 비유

깨어 있는 문지기 비유 혹은 유비는 그리스어 원문상으로 불완전한 문장으로 되어 있어, 독자들이 "그것은…이다"를 보충하여 "어떤 사람이 집을 떠나 여행 갈 때에 그 종들에게 권한을 주어 각각 사무를 맡기며 문지기에게 깨어 있으라 명함과 같은 것"을 완전한 문장이 되도록 해야 한다. "깨어 있는 종들 비유"(눅 12:35-38), "침입하는 도둑 비유"(눅 12:39-40/마 24:43-44), "지혜 있고 진실한 청지기 비유"(눅 12:42-46/마 24:45-51), "열 므나 비유"(눅 19:12-27/마 25:14-30)와 같은 유사한 비유들의 존재는 이 비유들 간의 관계에 관한 질문 및 우리가 다루고 있는 비유가 이들 중 하나의 변형인지의 여부에 관한 질문들을 제기했다. 또한 예수의 비유의 원형을 복원하려는 많은 시도가 있었다. 우리는 다시 한번 자신에게 우리 연구의 목표를 상기시켜야 한다. 우리의 목표는 마가복음에 나온 비유의 현재 형태를 가지고 그 의미를 이해하는 것이므로, 이 비유를 캐넘으로 역사적 예수에 관한 정보와 이 비유의 전승사에 관한 정보를 얻으려는 일은 제쳐 놓아야 한다.[14]

이 비유는 그 사람이 왜 여행을 떠났는지에 관해서는 아무런 설명

---

14 앞의 제1장을 보라.

도 하지 않는다. 그것은 예수 혹은 마가에게 이 비유를 이해하는 데
중요하거나 꼭 필요한 것으로 간주되지 않았다. 이 비유는 자주 풍유
(allegory)의 하나로 해석되었는데, 그에 따르면 그 사람은 예수를, 여
행은 예수의 승천을, 귀환은 인자의 재림을, 종들은 제자들/신자들을,
문지기는 사도들을 나타낸다(참고. 요 10:3). 성경에서 "비유"(구약에서
는 *mašal*; 신약에서는 *parabolē*)라는 장르는 넓은 개념으로서 잠언, 직
유, 은유, 수수께끼, 유비, 이야기 및 예화 비유, 풍유를 포함한다. 풍
유는 풍유적으로 해석되어야 하지만, 비유는 "풍유화" 되어서는 안
된다.[15] 비유에서는 하나의 기본적인 유비(analogy)가 의도되고, 일반
적으로 세부 사항들은 이야기에 문채(文彩)와 흥미를 더하는 역할을
하며 풍유적 의미를 갖도록 의도되지 않았다. 그러므로 우리가 다루
고 있는 비유는 하나의 기본적 유비를 가지며, 유비의 묘사부(picture
part)는 실재부(reality part)와 상응한다. 기본적인 장면은 문지기가
알지 못하는 때에 그 사람(집주인)이 돌아올 것에 대비해야 할 필요와
관계된다. 이 묘사가 가리키는 실재는 인자(13:26)와 그의 귀환(재림),
그리고 문지기(교회 혹은 13:37의 "너희")를 포함한다. 여행이나 종들
혹은 그들에게 맡겨진 일과 같은 세부 사항들을 풍유화 해야 할 아무
런 필요나 이유도 없다. 우리는 단지 이러한 세부 사항들을 우리가 풍
유화 할 수 있다는 이유로, 혹은 그들에게 부여된 풍유적 의미가 표준

---

15 Robert H. Stein, "The Genre of the Parables," in *The Challenge of Jesus'*
   Parables, ed. Richard N. Longenecker (Grand Rapids: Eerdmans, 2000),
   46-47을 보라.

적인 기독교 신학이나 우리 자신의 신학적 관심사와 맞는다는 이유
로 풍유적으로 해석하는 일을 삼가야 한다. 우리는 그렇게 해야 할 때
만 그렇게 해야 한다. 비유 해석에 있어서 과거의 과도한 풍유화에 비
추어 볼 때, 우리는 이 비유 혹은 다른 비유들이 포함한 다양한 세부
사항들의 풍유적 의미를 찾는 일에 관해 신중해야 한다. 우리는 비유
의 묘사부에 들어 있는 기본 요소들에 집중하여 그것들이 가리키는
실재를 이해하는 데 진력해야 한다.

마가복음 13:35-36:
마가의 독자들에게 비유를 적용함

이 비유의 해설부는 문지기에게 주어졌던 명령인 "깨어 있으라"(*grē-
gorē*, 13:34)를 독자들에게 적용하여 "깨어 있으라"(*grēgoreite*, 13:35)
고 명령하며 "이는 집주인이 언제 올는지…너희가 알지 못함이라"고
설명한다. 이 설명은 인자가 재림할 "그날"(13:32)의 불가지성에 관
한 이 단락의 도입부를 따왔다. 이 비유의 강조점은 인자의 재림이 확
실치 않다거나 예기치 않은 것이라는 게 아니라, 오히려 그것을 예측
할 수 없으며 그 시기를 알 수 없다는 데 있다(참고. 마 24:45-51; 25:1-
13; 눅 12:36-40; 또한 마 25:14-30; 눅 19:12-27도 참고하라). 이는 집주
인이 돌아오는 때를 하룻밤을 넷으로 나눈 시간대 중 하나로 묘사함
으로써 더욱 강조된다: 저물 때(*opse*) 오후 6-9시; 밤중(*mesonuktion*)
오후 9시-밤 12시; 닭 울 때(*alektorophōnias*) 오후 0시-오전 3시; 새

벽(*prōi*) 오전 3-6시. 이 중 세 시간대가, 아마도 의도적으로 14:17
과 15:42("저물 때), 14:72("닭 울 때") 및 15:1("아침에" 혹은 "새벽에")에
서 언급되며,[16] 주인이 돌아와 자는 것을 보지 않도록 하라는 경고는
14:37을 예고한다. 하룻밤을 네 시간대로 언급하는 것은 로마식 시간
계수법을 드러낸다(참고. 6:48, "밤 사경쯤에"; 행 12:4; *Ant.* 5.223; 18.356;
J.W. 5.510-11). 유대식 시간 계수는 하룻밤을 세 개의 시간대로 나
눈다(삿 7:19; 「희년서」 49:10-12; *b. Ber.* 3b).

마가복음 13:37:
인자의 재림에 대비하라는 보편적 명령

"깨어 있으라"(*grēgoreite*)는 마지막 명령은 13:32-37과 이 장 전체
의 결론 역할을 한다. 13:5-23과 13:28-31에 나오는(13:24-27에는 권
고가 없다), 예수가 그의 제자들과 유대에 있는 그의 추종자들(13:14)
에게 주셨던 앞선 권고들과는 대조적으로, 이 마지막 권고는 "너
희"(참고. 13:5, 7, 9, 11, 13, 14, 18, 21, 23, 28-30, 33, 35, 36, 37)를 넘어
"모두"에게로 확대된다! 이제 이 권고는 예루살렘의 멸망을 맞이할
유대에 있는 "너희"를 지나, 마가 당시의 교회와 이후 이 복음서를 읽

---

16 Troy W. Martin, "Watch During the Watches (Mark 13:35)," *JBL* 120 (2001):
685-701은 비록 밤 시간대를 넷으로 나누어 지명하는 것이 로마식 시간 계수를 나
타내지만 그 시간대에 주어진 이름들은 유대식이란 점을 지적한다.

는 독자들을 겨냥한다.

　　여기에 나오는 명령은 일차적으로 "그날"을 위협적인 날로 보고, 하나님 외에는 아는 이가 없는 때에 인자가 갑자기 재림할 것에 대비할 필요에 초점을 맞춘다. 다른 곳에서는 깨어 인자의 재림을 사모하는 이들이 갖는 긍정적이고 기쁨에 찬 기대가 강조된다(딤후 4:8). 이는 주기도문("나라가 임하오시며," 마 6:10/눅 11:2)과 고린도의 이방인 교회에서 반복적으로 드려졌던 아람어 기도(마라나타, 고전 16:22)와 요한계시록 22:20에 나오는 그 기도의 그리스어 번역인 *erchou kurie Iēsou*(오소서, 주 예수여!)에서 강조된다. 열망하며 기다리는 이 "복스러운 소망"(딛 2:13)은 슬픔에 잠긴 그리스도인들에게 커다란 격려와 소망의 원천이다(살전 4:18; 5:11). 이는 그들이 그날에 먼저 죽은 친지들 및 친구들과 기쁨 가운데 다시 연합할 것을 바라보기 때문이다(살전 4:17).

　　"깨어 있으라"는 권고는 13:5-8과 13:21-23에 나오는, 종말론에 심취하여 발광하는 것을 경계하는 경고들이 재림의 복스러운 소망을 약화하려는 것이 아니라, 깨어 있어 인자의 재림을 바라며 기도할 것을 독려하려는 의도로 주어졌음을 나타낸다. 우리의 하나님이자 구주이신 예수 그리스도께서 나타나실 복스러운 소망에 관한 열망은, 본질적으로 어떤 광신적 기독교 분파의 특징이 아니라, 기독교 공동체의 소망과 열망의 핵심이었고, 지금도 그러하며, 앞으로도 계속 그러할 것이다. 이것이 기독교 공동체가 "나라가 임하오시며" 그리고 "마라나타"라고 기도해 왔고, 기도하고 있고, 앞으로도 계속 기도할 이유다.

"조롱하는 사람들은 장래 사건에 집중하는 사람들을 몽상가라고 멸시할 것이다(참고. 창 37:19; 벧후 3:3-4; 참고. 유 8). 그러나 마가는 바로 이 몽상가들이야말로 그들 눈의 허물을 벗은 사람들임을 시사한다. 반면, 세상이 이제까지 따라 왔던 그 경로가 무한히 계속될 것이라고 생각하는 '현실주의자들'은 단지 꿈꾸고 있는 것이다."[17]

17 Marcus, *Mark 8-16*, 922-23.

8

마가복음 13장의
해석에 따른 번역

222

1예수께서 성전에서 나가실 때, 그의 제자 중 하나가 그에게 이르되 "선생님이여, 보소서! 성전의 돌들과 건물들이 웅장하지 않습니까!" 2이에 예수께서 이르시되 "네가 이 큰 건물들을 보느냐? [너의 생전에(13:30) 그것들은 완전히 파괴될 것이고] 돌 하나도 돌 위에 남지 않으리라! 그것들은 다 무너뜨려지리라!" 3예수께서 감람산에서 성전을 마주 대하여 그의 제자들인 베드로, 요한, 야고보, 안드레와 함께 앉으셨을 때, 그들이 그에게 은밀히 묻되 4"우리에게 이르소서, 어느 때에 **이 일들이** 일어나겠으며, **이 일들** 모두에 선행할 [곧 성전이 멸망할 것을 우리에게 경고하는] 징조는 무엇이겠습니까?"

5[성전이 멸망할 때와 그에 앞선 징조를 묻는 제자들의 이중 질문에 대한 대답으로] 예수가 그들에게 말씀하시되 "주의하여 누구도 너희를 미혹하지 않도록 하라. 6많은 [속이는] 이들이 와서 그리스도라 주장하며 이르기를, '내가 메시아다!'라며 많은 사람을 미혹하리라. 7그리고 너희가 전쟁의 소식과 전쟁의 소문을 들을 때에 이로 인해 두려워하

지 말라! 그런 일들이 일어나야 하지만, 이런 일들은 [성전의 임박한 멸망과] 끝을 나타내는 징조들은 아니니라. 8민족들이 다른 민족들과 전쟁하겠고 나라들이 다른 나라들과 전쟁할 것이다. 곳곳에 지진이 있을 것이며 기근도 있으리라. [이런 일들도 성전의 임박한 멸망의 징조는 아니다.] 이런 일들은 성전의 멸망에 앞선 사건들의 시작일 뿐이지 [멸망이 임박했음을 나타내는 징조는 아니니라].

9그러나 **너희들은** 주의하라. 왜냐하면 사람들이 너희를 [재판을 위해] 유대 법정에 넘겨 줄 것이고, 너희가 회당에서 매질당할 것이며, 너희가 나에게 충성하는 것 때문에 권력자들과 임금들 앞에 재판받으러 끌려갈 것이기 때문이니 [이것이] 그들에게 증언할 [기회가 될] 것이다. 10그리고 복음이 [성전이 멸망하기 전에] 먼저 만국에 전파되어야 할 것이니라. 11그리고 그들이 너희를 재판에 넘길 때 무슨 말을 할까 미리 염려하지 말고, 그때 하나님께서 너희에게 주시는 말을 하라. 너희의 하는 바 그 말은 너희의 말과 생각이 아니라, 성령께서 너희에게 주신 말과 생각일 것이다! 12또한 [상황이 너무 악화되어] 형제가 형제를 배신하여 [재판에 넘겨주어 그 결과] 죽는 데에 내주며, 아버지가 그 자식을 [죽음에] 내주며, 자식들이 부모를 대적하여 죽게 하리라! 13[내가 너희에게 이미 이야기한 대로(8:34-38)] 너희가 내 제자이기 때문에 모든 사람에게 미움을 받을 것이나, 죽음에 이르기까지 믿음을 지키는 자, 이 사람은 구원을 받으리라!

14그러나 [너희가 물은바 징조에 관하여 말하자면] 멸망의 가증한 것이 서지 못할 곳[인 성전]에 선 것을 보거든, 이 복음서를 읽는 너희는 [매년 지키는 하누카, 즉 빛의 절기에서 언급되는 멸망의 가증한 것에 비추어] 반드시 이것을 깨달아야 한다. 그때 너희 유대에 있는 자들은 즉시 산으로 도망쳐야 한다! 15만약 네가 지붕에서 쉬고 있다면, 내려가 집에 있는 무언가를 가지러 들어가지도 말라! [도망할 수 있을 때 도망가라!] 16만약 네가 밭에서 일하는 중이라면, 겉옷을 가지러 집으로 돌아가지 말라. [도망할 수 있을 때 도망가라!] 17그날에는 [도피하는 것이 더 어려운] 아이 밴 자들과 젖 먹이는 자들에게 화가 있으리라! 18이 일이 [도피가 더 힘든 때인] 겨울에 일어나지 않도록 기도하라. 19이는 그날들이 하나님께서 창조하신 창조의 시작부터 지금까지 땅에서 볼 수 없었고 후에도 볼 수 없을 그런 환난을 가져올 것이기 때문이다. 20그리고 만일 주께서 그 [환난의] 날들을 감하지 아니하셨더라면, 아무도 구원을 얻지 못했을 것이다! 그러나 자기가 택하신 자들을 위하여 그가 그날들을 감하셨느니라. 21그리고 그때 어떤 사람이 너희에게 말하되 '보라, 그리스도가 여기 있다' [혹은] '보라 [그가] 저기 [있다]' 하여도 믿지 말라. 22이는 거짓 그리스도들과 거짓 예언자들이 나타나서 표적과 기사를 행하여 할 수만 있으면 택하신 자들을 미혹하려 함이라. 23그러나 **너희는** 주의하라! 내가 **모든 일들을** 너희에게 미리 말하였노라.

24그러나 그때 [성전과 예루살렘의 멸망과 연관된] 그 끔찍한 환난 후 하나님께서

해를 어두워지게 하시고
달이 빛을 내지 아니하게 하시며
25별들이 하늘에서 떨어지게 하시며
하늘에 있는 권능들이 흔들리게 하시리라.

²⁶그리고 그때 [온 세상이] 인자가 구름을 타고 큰 권능과 영광으로 오는 것을 보리라! ²⁷그때 그가 천사들을 보내어 자기가 택하신 자들을 땅끝으로부터 하늘 끝까지 사방에서 모으리라.

²⁸무화과나무로부터 다음의 비유를 배우라: 그 가지가 연하여지고 잎사귀를 내면 너희가 여름이 가까운 줄 안다. ²⁹이와 같이 너희가 **이런 일들**[특히 멸망의 가증한 것의 출현]이 일어나는 것을 보면, 너희가 그것[너희가 질문한 바 성전의 멸망]이 문 앞에 이른 줄 알 것이다. ³⁰내가 진실로 너희에게 말하노니, [너희가 질문한] **이 모든 일**이 다 일어나기 전까지는 이 현세대가 결코 사라지지 아니하리라! ³¹천지는 없어지겠으나 내가 너희에게 한 말은 결코 없어지지 아니하리라!

³²그러나 [인자가 재림할] 그날과 그 시에 대해서는 아무도 모른다. 심지어 하늘에 있는 천사들이나 하나님의 아들인 나도 모른다. 오직 아버지만 아신다! ³³그러므로 주의하고 깨어 있으라. 왜냐하면 너희가 [인자가 재림할] 그때가 언제인지 알지 못하기 때문이다. ³⁴이는 마치 어떤 사람이 집을 떠나 여행할 때와 같다. 떠나기 전에 그는 종들에게 각자가 맡은 업무를 위해 권한을 주며 문지기에게 [그가 돌아올 것에 대비해] 깨어 있으라 명한다. ³⁵그러므로 너희는 깨어 있으라. 너희는 집주인이 언제 돌아올지 정확히 알지 못하기 때문이다. 그것은 저녁때일 수도 있고[오후 6-9시], 한밤중일 수도 있고[오후 9시-밤 12시], 닭 울 때일 수도 있고[오후 0시-오전 3시] 새벽일 수도 있다[오전 3-6시]. ³⁶그리고 너희는 그가 갑자기 와서 너희가 자는 것을 보지 않도록 하라. ³⁷내가 너희에게 말하는 것은 모든 사람에게 말하는 것이니라: '깨어 있으라!'

참고문헌

Adams, Edward. "The Coming of the Son of Man in Mark's Gospel." *Tyndale Bulletin* 56, no. 2 (2005): 39-61.

_____. *The Stars Will Fall from Heaven: Cosmic Catastrophe in the New Testament and Its World.* LNTS 347. New York: T & T Clark, 2007.

Allison, Dale C., Jr. "Jesus & the Victory of Apocalyptic." In *Jesus & the Restoration of Israel: A Critical Assessment of N. T. Wright's Jesus and the Victory of God,* pp. 126-41. Edited by Carey C. Newman. Downers Grove, IL: InterVarsity Press, 1999.

Ambrozic, A. M. *The Hidden Kingdom: A Redaction-Critical Study of the References to the Kingdom of God in Mark's Gospel.* CBQMS 2. Washington, DC: Catholic Biblical Association of America, 1972.

Aune, David E. *Apocalypticism, Prophecy, and Magic in Early Christianity: Collected Essays.* Grand Rapids: Baker Academic, 2008.

Bahat, Dan. "Jerusalem Down Under: Tunneling Along Herod's Temple Mount Wall." *BAR* 21, no. 6 (1995): 30-47.

Balabanski, Vicky. *Eschatology in the Making: Mark, Matthew, and the Didache.* SNTSMS 97. Cambridge: University Press, 1997.

Barnes, T. D. "The Fragments of Tacitus' *Histories.*" *Classical Philology* 72 (1977): 24-31.

Beasley-Murray, George R. *Jesus and the Last Days: The Interpretation of the Olivet Discourse.* Peabody, MA: Hendrikson, 1993.

Beavis, Mary Ann. *Mark*. Paideia. Grand Rapids: Baker Academic, 2011.

Bengel, Johann Albrecht. *Gnomon of the New Testament*. 2 vols. New York: Sheldon, 1862.

Bird, Michael F. "The Markan Community, Myth or Maze? Bauckham's *The Gospel for All Christians* Revisited." *JTS* 57 (2006): 474-86.

Black, C. Clifton. *Mark*. ANTC. Nashville: Abingdon, 2011.

Bock, Darrell L. *Acts*. BECNT. Grand Rapids: Baker Academic, 2007.

Boring, M. Eugene. *Mark*. NTL. Louisville: Westminster John Knox, 2006.

Bornkamm, Günther. *Jesus of Nazareth*. Translated by I. McLusky et al. New York: Harper, 1960.

Brooks, James A. *Mark*. NAC. Nashville: Broadman, 1991.

Brown, Colin. "Quest of the Historical Jesus." In *Dictionary of Jesus and the Gospels*, rev. ed., pp. 718-56. Edited by Joel B. Green. Downers Grove, IL: IVP Academic, 2013.

Bultmann, Rudolf. *The History of the Synoptic Tradition*, 2nd ed. Translated by John Marsh. New York: Harper, 1968.

Caird, G. B. *The Language and Imagery of the Bible*. Philadelphia: Westminister, 1980.

Chanikuzhy, Jacob. *Jesus, the Eschatological Temple: An Exegetical Study of Jn 2,13-22 in the Light of the Pre-70 c.e. Eschatological Temple Hopes and the Synoptic Temple Action*. CBET. Leuven: Peeters, 2012.

Charlesworth, James H., ed. *The Old Testament Pseudepigrapha*. 2 vols. New York: Doubleday, 1985.

Collins, Adela Y. "The Apocalyptic Rhetoric of Mark 13 in Historical Context." *Biblical Research* 41 (1996): 5-36.

_____. *The Beginning of the Gospel: Probings of Mark in Context*. Minneapolis: Fortress, 1992.

_____. "The Eschatological Discourse of Mark 13." In *The Four Gospels,* pp. 1125-40. Edited by F. van Segbroeck et al. BETL. Leuven: Leuven University Press, 1992.

_____. *Mark: A Commentary.* Hermeneia. Minneapolis: Fortress, 2007.

Collins, Adela Y., and John J. Collins. *King and Messiah as Son of God: Divine, Human, and Angelic Messianic Figures in Biblical and Related Literature.* Grand Rapids: Eerdmans, 2008.

Coloni, T. *Jésus Christ et les croyances messianiques de son Temps,* 2nd ed. Strasbourg: Treuttel et Wurtz, 1864.

Cranfield, C. E. B. *The Gospel According to Mark.* Edited by C. F. D. Moule. CGTC. New York: Cambridge University Press, 1959.

_____. "Thoughts on New Testament Eschatology." *Scottish Journal of Theology* 35 (1982): 497-512.

Davies, W. D., and Dale C. Allison. *A Critical and Exegetical Commentary on the Gospel According to Saint Matthew.* ICC. 3 vols. Edinburgh: T & T Clark, 1991.

Dean, J. E., ed. *Epiphanius's Treatise on Weights and Measures: Syriac Version.* Studies in Ancient Oriental Civilization 11. Chicago: University of Chicago Press, 1935.

Deppe, Dean B. "Charting the Future or a Perspective of the Present? The Paraenetic Purpose of Mark 13." *CTJ* 41 (2006): 89-101.

Donahue, John R. *Are You the Christ? The Trial Narrative in the Gospel of Mark.* SBLDS 10. Missoula, MT: Society of Biblical Literature, 1973.

Donahue, John R., and Daniel J. Harrington. *The Gospel of Mark.* SP. Collegeville, MN: Liturgical Press, 2002.

Edwards, James R. *The Gospel According to Mark.* PNTC. Grand Rapids: Eerdmans, 2002.

Ernst, Josef. *Das Evangelium nach Markus.* RNT. Regensburg: Pustet, 1981.

Evans, Craig A. *Fabricating Jesus: How Modern Scholars Distort the Gospels.*

Downers Grove, IL: InterVarsity Press, 2006.

_____. *Mark 8:27-16:20*. WBC. Nashville: Nelson, 2001.

_____. "Predictions of the Destruction of the Herodian Temple in the Pseudepigrapha, Qumran Scrolls, and Related Texts." *Journal for the Study of the Pseudepigrapha* 10 (1992): 89-147.

Focant, Camille. *The Gospel According to Mark: A Commentary*. Translated by L. R. Keylock. Eugene, OR: Pickwick, 2012.

Ford, Desmond. *The Abomination of Desolation in Biblical Eschatology*. Washington, DC: University Press of America, 1979.

Fowler, Robert M. *"Let the Reader Understand": Reader-Response Criticism and the Gospel of Mark*. Minneapolis: Augsburg, 1991.

France, R. T. *Jesus and the Old Testament: His Application of the Old Testament Passages to Himself and His Mission*. Downers Grove, IL: InterVarsity Press, 1971.

_____. *The Gospel of Mark*. NIGTC. Grand Rapids: Eerdmans, 2002.

Funk, Robert W., and Roy W. Hoover. *The Five Gospels: The Search for the Authentic Words of Jesus*. New York: Poleridge, 1993.

Gaston, Lloyd. *No Stone on Another: Studies in the Significance of the Fall of Jerusalem in the Synoptic Gospels*. Leiden: Brill, 1970.

Geddert, Timothy J. *Watchwords: Mark 13 in Markan Eschatology*. JSNTSS 26. Sheffield: Sheffield Academic Press, 1989.

Gibbs, Jeffrey A. *Jerusalem and Parousia: Jesus' Eschatological Discourse in Matthew's Gospel*. St. Louis: Concordia Academic Press, 2000.

Gnilka, Joachim. *Das Evangelium nach Markus (Mk 8,27-16,20)*. EKKNT 2/2. Zurich: Benzinger, 1979.

Gould, Ezra Palmer. *A Critical and Exegetical Commentary on the Gospel According to St. Mark*. ICC. New York: T & T Clark, 1896.

Gray, Timothy C. *The Temple in the Gospel of Mark: A Study in Its Narrative*

Role. Grand Rapids: Baker Academic, 2010.

Grayston, Kenneth. "The Study of Mark XIII." *BJRL* 56 (1974): 371-87.

Gumerlock, Francis X. "Mark 13:32 and Christ's Supposed Ignorance: Four Patristic Solutions." *Trinity Journal* 28 (2007): 205-13.

Gundry, Robert H. *Mark: A Commentary on His Apology for the Cross*. Grand Rapids: Eerdmans, 1993.

Hare, Douglas R. A. *The Theme of Jewish Persecution of Christians in the Gospel According to St. Matthew*. SNTSMS 6. New York: Cambridge University Press, 1967.

Hatina, Thomas R. "The Focus of Mark 13:24-27—The Parousia or the Destruction of the Temple." *BBR* 6 (1996): 43-66.

_____. *In Search of a Context: The Function of Scripture in Mark's Narrative*. JSNTSS 232. Sheffield: Sheffield Academic Press, 2002.

Hendriksen, William. *Exposition of the Gospel According to Mark*. NTC. Grand Rapids: Baker, 1975.

Hengel, Martin. *Studies in the Gospel of Mark*. Translated by John Bowden. Philadelphia: Fortress, 1985.

_____. "Tasks in New Testament Scholarship." *BBR* 6 (1996): 67-86.

Hooker, Morna D. *The Gospel According to Saint Mark*. BNTC. Peabody, MA: Hendrickson, 1991.

_____. "Trial and Tribulation in Mark XIII." *BJRL* 65 (1982): 78-99.

Hurtado, Larry H. *Mark*. NIBC. Peabody, MA: Hendrickson, 1983.

Jeremias, Joachim. "Θύρα." In *The Theological Dictionary of the New Testament*, 3:173-74. Edited by G. Kittel. Grand Rapids: Eerdmans, 1982.

Kähler, Martin. *The So-Called Historical Jesus and the Historic Biblical Christ*. Translated by Carl E. Braatan. Philadelphia: Fortress, 1964.

Käsemann, Ernst. "Das Problem des Historischen Jesus." *Zeitschrift für Theologie und Kirche* 51 (1954): 125-53.

_____. "The Problem of the Historical Jesus." In *Essays on New Testament Themes*, pp. 15-47. Translated by W. J. Montague. SBT 41. London: SCM Press, 1964.

Kelber, Werner H. *The Kingdom in Mark: A New Place and a New Time*. Philadelphia: Fortress, 1974.

Lambrecht, Jan. *Die Redaktion der Markus-Apocalypse: Literarische Analyse und Strukturuntersuchung*. AnBib 28. Rome: Päpstliches Bibelinstitut, 1967.

Lane, William L. *The Gospel According to Mark: The English Text with Introduction, Exposition, and Notes*. NICNT. Grand Rapids: Eerdmans, 1974.

Lightfoot, Robert Henry. *Locality and Doctrine in the Gospels*. New York: Harper, 1937.

Lohmeyer, Ernst. *Galiläa und Jerusalem*. FRLANT. Göttingen: Vandenhoeck & Ruprecht, 1937.

Lührmann, Dieter. *Das Markusevangelium*. HTKNT 3. Tübingen: Mohr Siebeck, 1987.

Manson, T. W. *The Sayings of Jesus as Recorded in the Gospels According to St. Matthew and St. Luke: Arranged with Introduction and Commentary*. Grand Rapids: Eerdmans, 1957.

Marcus, Joel. "The Jewish War and the *Sitz im Leben* of Mark." *JBL* 111 (1992): 441-62.

_____. *Mark 1-8: A New Translation with Introduction and Commentary*. AYB. New Haven, CT: Yale University Press, 2002.

_____. *Mark 8-16: A New Translation with Introduction and Commentary*. AYB. New Haven, CT: Yale University Press, 2009.

Martin, Troy W. "Watch During the Watches (Mark 13:35)." *JBL* 120 (2001): 685-701.

Marxsen, Willi. *Mark the Evangelist: Studies on the Redaction History of the Gospel*. Translated by James Boyce et al. Nashville: Abingdon, 1969.

McKenna, Megan. *On Your Mark: Reading Mark in the Shadow of the Cross*. Maryknoll, NY: Orbis, 2006.

McKnight, Scot. *A New Vision for Israel: The Teachings of Jesus in National Context*. Grand Rapids: Eerdmans, 1999.

Meier, John P. *A Marginal Jew: Rethinking the Historical Jesus*. New York: Doubleday, 1991.

_____. "The Present State of the 'Third Quest' for the Historical Jesus: Loss and Gain." *Biblica* 80 (1999): 459-87.

Merkle, Benjamin L. "Who Will Be Left Behind? Rethinking the Meaning of Matthew 24:40-41 and Luke 17:34-35." *WTJ* 72 (2010): 169-79.

Moloney, Francis J. *Glory Not Dishonor: Reading John 13-21*. Minneapolis: Fortress, 1998.

_____. *The Gospel of Mark: A Commentary*. Peabody, MA: Hendrickson, 2002.

Neill, Stephen, and Tom Wright. *The Interpretation of the New Testament 1861-1986*. 2nd ed. New York: Oxford University Press, 1988.

Nineham, D. E. *Saint Mark*. PGC. Baltimore: Penguin, 1963.

Painter, John. *Mark's Gospel: Worlds in Conflict*. Edited by John Court. NTR. London: Routledge, 1997.

Paulus, Heinrich E. G. *Das Leben Jesu als Grundlage einer reinen Geschichte des Urchristentums*. Heidelberg: C. F. Winter, 1828.

Perkins, Larry. "'Let the Reader Understand': A Contextual Interpretation of Mark 13:14." *BBR* 16, no. 1 (2006): 95-104.

Pesch, Rudolf. *Das Markusevangelium, Part 2: Kommentur zu Mark 8,27-16:20*. 2nd edition. HTKNT 2. Freiburg: Herder, 1981.

_____. *Naherwartungen: Tradition and Redaktion in Mk 13*. KBANT.

Düsseldorf: Patmos-Verlag, 1968.

Pitre, Brant. *Jesus, the Tribulation, and the End of the Exile: Restoration Eschatology and the Origin of the Atonement.* Grand Rapids: Baker Academic, 2005.

Porter, Stanley E. *The Criteria for Authenticity in Historical-Jesus Research: Previous Discussions and New Proposals.* JSNTSS 191. Sheffield: Sheffield Academic Press, 2000.

Reimarus, Hermann Samuel. *Reimarus: Fragments.* Edited by Charles H. Talbert. Translated by R. S. Fraser. Lives of Jesus. Philadelphia: Fortress, 1970.

Robinson, James M. *A New Quest for the Historical Jesus and Other Essays.* SBT 15. London: SCM Press, 1959.

Sanders, E. P. *The Tendencies of the Synoptic Tradition.* SNTSMS 9. New York: Cambridge University Press, 1969.

Schnabel, Eckhard. *40 Questions About the End Times.* Grand Rapids: Kregel, 2011.

Schweitzer, Albert. *The Quest of the Historical Jesus: A Critical Study of Its Progress from Reimarus to Wrede.* Translated by W. Montgomery. New York: Macmillan, 1906.

Snodgrass, Klyne R. "Parables." In *Dictionary of Jesus and the Gospels,* pp. 591-601. Edited by Joel B. Green and Scot McKnight. Downers Grove, IL: InterVarsity Press, 1992.

Snow, Robert S. "Let the Reader Understand: Mark's Use of Jeremiah 7 in Mark 13:14." *BBR* 21, no. 4 (2011): 467-77.

Sowers, Sidney. "The Circumstances and Recollection of the Pella Flight." *Theologische Zeitschrift* 26 (1970): 305-20.

Stein, Robert H. *A Basic Guide to Interpreting the Bible: Playing by the Rules.* 2nd ed. Grand Rapids: Baker Academic, 2011.

_____. "The 'Criteria' for Authenticity." In *Gospel Perspectives: Studies of History and Tradition in the Four Gospels*, pp. 225-63. Edited by R. T. France and David Wenham. Sheffield: JSOT Press, 1980.

_____. "Duality in Mark." In *New Studies in the Synoptic Problem: Oxford Conference, April 2008*, pp. 253-80. Edited by P. Foster et al. BETL 239. Leuven: Peeters, 2011.

_____. "The Genre of Parables." In *The Challenge of Jesus' Parables*, pp. 30-50. Edited by Richard N. Longenecker. Grand Rapids: Eerdmans, 2000.

_____. *Mark*. BECNT. Grand Rapids: Baker Academic, 2008.

_____. "A Short Note on Mark XIV.28 and XVI.7." *NTS* 20 (1973): 445-52.

Strauss, David Friedrich. *The Life of Jesus Critically Examined*. Translated by George Eliot. London: Chapman, 1846.

Such, W. A. *The Abomination of Desolation in the Gospel of Mark: Its Historical Reference in Mark 13:14 and Its Impact in the Gospel*. Lanham, MD: University Press of America, 1999.

_____. "The Crux Criticorum of Mark 13:14." *Restoration Quarterly* 38 (1996): 93-108.

Taylor, N. H. "Palestinian Christianity and the Caligula Crisis. Part II. The Markan Eschatological Discourse." *JSNT* 62 (1996): 13-41.

Taylor, Vincent. *The Gospel According to St. Mark*. London: Macmillan, 1952.

Theissen, Gerd, and Dagmar Winter. *The Quest for the Plausible Jesus: The Question of Criteria*. Louisville: Westminster John Knox, 2002.

Trocmé, Etienne. *The Formation of the Gospel According to Mark*. Translated by P. Gaughan. Philadelphia: Fortress, 1975.

Victor of Antioch. *The Catena in Marcum: A Byzantine Anthology of Early Commentary on Mark*. Edited by W. R. S. Lamb. TENTS 6. Leiden: Brill,

2012.

Wenham, David. *The Rediscovery of Jesus' Eschatological Discourse*. Gospel Perspectives 4. Sheffield: JSOT Press, 1984.

Wessel, Walter W., and Mark L. Strauss. *Mark*. EBC. Edited by Tremper Longman III and David E. Garland. Grand Rapids: Zondervan, 2010.

Williams, Frank. *The Panarion of Epiphanius of Salamis*. Leiden: Brill. 1987.

Witherington III, Ben. *The Gospel of Mark: A Socio-Rhetorical Commentary*. Grand Rapids: Eerdmans, 2001.

Wrede, William. *The Messianic Secret*. Translated by J. C. G. Greig. Cambridge: James Clarke, 1971.

Wright, N. T. "In Grateful Dialogue: A Response." In *Jesus & the Restoration of Israel: A Critical Assessment of N. T. Wright's Jesus and the Victory of God*, pp. 244-77. Edited by Carey C. Newman. Downers Grove, IL: InterVarsity Press, 1999.

_____. *Jesus and the Victory of God*. Minneapolis: Fortress, 1996.

저자 색인

마가복음 색인

성경 색인

고대 문헌 색인

예수, 성전, 인자의 재림

마가복음 13장 주석

Copyright ⓒ 새물결플러스 2017

1쇄발행_ 2017년 9월 21일

지은이_ 로버트 H. 스타인
옮긴이_ 안철훈
펴낸이_ 김요한
펴낸곳_ 새물결플러스
편　집_ 왕희광·정인철·최율리·박규준·노재현·한바울·신준호·정혜인·김태윤
디자인_ 김민영·이지훈·이재희·박슬기
마케팅_ 임성배·박성민
총　무_ 김명화·이성순
영　상_ 최정호·조용석·곽상원

아카데미_ 유영성·최경환·이윤범

홈페이지 www.holywaveplus.com
이메일 hwpbooks@hwpbooks.com
출판등록 2008년 8월 21일 제2008-24호
주소 (우) 07214 서울특별시 영등포구 양평로 11, 4층(당산동5가)
전화 02) 2652-3161
팩스 02) 2652-3191

ISBN 979-11-6129-035-5　03230

이 도서의 국립중앙도서관 출판예정도서목록(CIP)은 서지정보유통지원시스템
홈페이지(http://seoji.nl.go.kr)와 국가자료공동목록시스템(http://www.nl.go.
kr/kolisnet)에서 이용하실 수 있습니다(CIP제어번호: CIP2017023705).